Mariana C.

Rescrie-ți Povestea

Cum să-ți depășești traumele din copilărie și să-ți construiești un viitor mai luminos

Capitolul 1
Comprenderea traumelor din copilărie.

- Identificarea traumelor din copilărie.
- Analizarea modului în care aceste traume au afectat viața ta.
- Acceptarea că este nevoie să faci față acestor traume pentru a putea merge înainte.

Capitolul 2
Acceptarea și iertarea.

- Înțelegerea că traumele trecutului nu te definesc.
- Învățarea să îți accepți trecutul și să îți ierți părinții sau persoanele responsabile pentru traumele tale.
- Recunoașterea că iertarea este un proces care te eliberează de povara traumelor din copilărie.

Capitolul 3
Găsirea unui sprijin.

- Căutarea unui terapeut sau a unui grup de suport pentru a-ți gestiona traumele.
- Construirea unei rețele de susținere din persoane de încredere.
- Înțelegerea că este important să ceri ajutor atunci când simți că nu poți face față singur traumelor tale.

Capitolul 4

Lucrul cu emoțiile.

- Identificarea emoțiilor legate de traumele din copilărie.
- Învățarea să îți recunoști și să îți gestionezi emoțiile într-un mod sănătos.

Capitolul 5

Împuternicirea și recuperarea sinelui.

- Identificarea valorilor și scopurilor. personale pentru a-ți ghida recuperarea.
- Învățarea să te asculți și să îți asculți nevoile pentru a-ți construi un viitor mai luminos.

Capitolul 6

- Identificarea și eliminarea factorilor toxici sau dăunători din viața ta.
- Întărirea relațiilor pozitive și iubitoare pentru a-ți consolida recuperarea și construirea unui viitor mai luminos.

Capitolul 7
Învățarea despre reziliență.

- Învățarea să te ridici din nou atunci când te simți copleșit sau descurajat de traumele trecutului.
- Recunoașterea că ești mai puternic decât crezi și că poți depăși orice obstacol.

Capitolul 8
Integrarea traumelor în povestea ta.

- Acceptarea că traumele din copilărie nu pot fi șterse, dar că ele pot deveni o parte integrantă a povestei tale personale.
- Înțelegerea că traumele tale te-au format și că poți alege să le folosești pentru a crește și a evolua ca persoană.

Capitolul 9
Explorează noi modalități de vindecare a traumelor din copilărie.

- Investigarea diferitelor modalități de vindecare, cum ar fi terapia prin artă, meditația, yoga sau terapia cognitiv-comportamentală.
- Recunoașterea că fiecare persoană are propriul său drum de vindecare și că este important să găsești ceea ce funcționează pentru tine în mod individual.

Capitolul 10: Privirea spre viitor

- Stabilirea obiectivelor și viselor pentru viitorul tău, fără a fi limitat de traumele din copilărie
- Învățarea să îți trăiești viața în prezent și să te bucuri de fiecare moment
- Acceptarea că poți construi un viitor mai luminos și mai fericit, indiferent de traumele trecutului tău.

De la acelaș autor:

1. ,,Armonia in cuplu''
- explorează diverse aspecte ale relațiilor umane, de la comunicare și empatie, la rezolvarea conflictelor și construirea unei relații de cuplu sănătoase și echilibrate.

2. ,,Vindecarea rănilor emoționale în relații''
- este o carte profundă,care explorează complexitatea relațiilor interpersonale și impactul pe care trecutul emoțional îl poate avea asupra lor.

3. "Cum sa iti gasesti sufletul pereche"
- se adreseaza celor care își doresc sa gaseasca dragostea adevarata si sa-si gaseasca sufletul pereche.

4."Reconstruirea unei relații deteriorate"
- este un ghid util și practic pentru persoanele care se confruntă cu dificultăți în relațiile lor.

5."Depășirea limitărilor mentale"- este o resursă valoroasă pentru oricine își dorește să-și depășească propriile limitări mentale și să trăiască o viață plină de succes și împlinire.

6. ,,Zâmbetul din oglindă" - este un ghid util
pentru oricine dorește să-și îmbunătățească
stima de sine și să-și atingă potențialul
maxim.

"Rescrie-ți povestea" este o carte scrisă de Mariana C. care abordează tema depășirii traumelor din copilărie și construirii unui viitor mai luminos.

Cartea explorează diverse aspecte ale traumelor din copilărie, cum ar fi abuzul emoțional, fizic sau sexual, neglijarea sau lipsa de susținere din partea părinților. Mariana C. explică cum aceste traume pot afecta dezvoltarea emoțională și mentală a unei persoane și cum pot influența relațiile și viața de adult.

Prin intermediul diferitelor exerciții și strategii de vindecare, autoarea îi îndeamnă pe cititori să își recunoască și să își accepte traumele, să le confrunte și să le depășească.

"Rescrie-ți povestea" este o carte profundă și emoționantă, care își propune să îi ajute pe cititori să își vindece trecutul și să își creeze un viitor mai fericit și mai împlinit. Este o lectură recomandată pentru toți cei care își doresc să își depășească traumele din copilărie și să își construiască o viață mai echilibrată și mai sănătoasă.

CAPITOLUL 1

Înțelegerea traumelor din copilărie.

- *Identificarea traumelor din copilărie.*
- *Analizarea modului în care aceste traume au afectat viața ta.*
- *Acceptarea că este nevoie să faci față acestor traume pentru a putea merge înainte.*

Traumele din copilărie reprezintă experiențe dureroase, traumatice sau stresante care au loc în perioada copilăriei și au un impact semnificativ asupra dezvoltării fizice, emoționale, mentale și sociale a individului. Aceste traume pot fi cauzate de diverse factori, cum ar fi abuzul fizic, abuzul emoțional, abuzul sexual, neglijarea parentală, violența domestică, divorțul părinților, pierderea unui îndrăgit sau a unui membru al familiei, boala sau accidentul grav al copilului, sau orice alt eveniment traumatic care provoacă un stres puternic asupra copilului.

Este important de înțeles că traumele din copilărie pot avea consecințe grave și pe termen lung asupra sănătății și bunăstării individului, afectându-i relațiile interpersonale, performanța școlară, stima de sine, sănătatea mentală și chiar viața socială și profesională.

Traumele din copilărie reprezintă experiențe negative sau dureroase care au loc în perioada copilăriei și pot avea un impact profund asupra dezvoltării și sănătății mentale a individului pe termen lung. Aceste traume pot fi cauzate de diverse situații, cum ar fi abuzul fizic, emoțional sau sexual, neglijarea, divorțul părinților, moartea unui membru al familiei, conflicte în familie sau orice alt eveniment care provoacă durere sau suferință copilului.

Este important de menționat că fiecare individ percepe și procesează traumele în mod diferit în funcție de vârstă, temperament, resurse interne și externe disponibile. Copiii care au fost expuși la traume în copilărie pot dezvolta o serie de consecințe negative, care pot persista în adolescență și în viața adultă, dacă nu sunt tratate și gestionate corespunzător.

Există mai multe tipuri de traume din copilărie, care pot fi împărțite în două categorii principale: traume acute și traume cronice.

Traumele acute sunt evenimente punctuale care au un impact imediat și de scurtă durată asupra copilului, cum ar fi un accident rutier sau o boală gravă.

Traumele cronice sunt situații care se desfășoară pe o perioadă îndelungată de timp și pot include abuzul sau neglijarea persistentă.

Traumele din copilărie pot avea consecințe pe termen lung asupra sănătății mintale a individului. Copiii care au fost expuși la traume în copilărie prezintă un risc crescut de a dezvolta tulburări mentale, cum ar fi tulburările de stres post-traumatic, depresia, anxietatea, tulburările de comportament, tulburările de atașament sau tulburările de personalitate. Acești copii pot avea dificultăți în relațiile sociale, în învățare și pot avea probleme în gestionarea emoțiilor sau a comportamentului.

De asemenea, traumele din copilărie pot afecta și sănătatea fizică a individului. Cercetările au arătat că copiii expuși la traume au un risc crescut de a dezvolta afecțiuni fizice, cum ar fi boli cardiovasculare, diabet, obezitate sau afecțiuni autoimune. Traumele din copilărie pot afecta și sistemul imunitar, crescând astfel riscul de îmbolnăvire și de complicații în viața adultă.

Este important de menționat că traumele din copilărie pot fi tratate și gestionate în mod corespunzător pentru a preveni consecințele negative pe termen lung.

Terapia și consilierea sunt metode eficiente pentru a ajuta copiii să facă față traumelor și să-și dezvolte resursele interne pentru a depăși aceste experiențe dureroase.

Sprijinul din partea familiei, a prietenilor, a profesioniștilor din domeniul sănătății mintale și a comunității poate juca un rol crucial în procesul de vindecare și recuperare a individului.

Prevenirea traumelor din copilărie este esențială pentru a asigura un mediu sigur și sănătos pentru copii. Educația și conștientizarea cu privire la impactul negativ al traumelor asupra dezvoltării copiilor pot contribui la reducerea riscului de expunere la traume și la îmbunătățirea calității vieții copiilor.

Înțelegerea traumelor din copilărie este crucială pentru a preveni și a trata consecințele negative ale acestor experiențe asupra sănătății mintale și fizice a individului.

Prin intermediul terapiei, consilierii și sprijinului comunității, copiii care au fost expuși la traume pot găsi resursele necesare pentru a depăși aceste experiențe dureroase și a-și construi un viitor mai sănătos și mai fericit.

Traumele din copilărie reprezintă evenimente sau experiențe dureroase sau traumatizante care au loc în timpul vârstei fragede a unei persoane și pot avea consecințe negative pe termen lung asupra dezvoltării și sănătății mentale a individului. Aceste traume pot fi cauzate de diverse situații, cum ar fi abuzul fizic, emoțional sau sexual, neglijarea, decesul unui membru al familiei, divorțul părinților, violența domestică sau alte evenimente de natură traumatizantă. Este important să se identifice și să se abordeze traumele din copilărie într-un mod adecvat, pentru a preveni consecințele negative pe termen lung și pentru a ajuta copiii să-și depășească experiențele traumatizante.

Unul dintre cele mai comune tipuri de traume din copilărie este *abuzul fizic*. Acesta poate lua forma loviturilor, zgârieturilor, înțepăturilor, arsurilor sau altor forme de violență fizică aplicate asupra copilului de către un adult sau un alt copil mai mare.

Abuzul fizic poate avea consecințe grave asupra sănătății fizice și mentale a copilului, incluzând leziuni grave, traume psihologice, tulburări de comportament și probleme de relaționare.

De exemplu, un copil care a fost frecvent lovit de părinți sau de îngrijitorii săi poate dezvolta anxietate, depresie, agresivitate sau alte probleme de comportament, care pot persista în viața adultă.

Un alt tip de traume din copilărie este *abuzul emoțional*. Acesta poate consta în insulte, umiliri, amenințări, ignorare, intimidare sau alte forme de violență verbală sau emoțională aplicate asupra copilului de către părinți, îngrijitori sau alți adulți. Abuzul emoțional poate avea consecințe negative asupra stimei de sine, sănătății mentale și relațiilor sociale ale copilului.

De exemplu, un copil care este constant criticat sau insultat de către părinți sau frați mai mari poate dezvolta o imagine negativă despre sine, anxietate, depresie sau alte probleme emoționale.

Abuzul sexual reprezintă un alt tip de traumă din copilărie, care poate avea consecințe devastatoare asupra dezvoltării și sănătății emoționale a copilului.

Acesta poate consta în atingeri neadecvate, viol, hărțuire sexuală sau alte forme de agresiune sexuală aplicate asupra copilului de către un adult sau un alt copil mai mare. Abuzul sexual poate cauza traume psihologice severe, tulburări emoționale, probleme de încredere și de relaționare, precum și alte consecințe negative asupra sănătății mentale a copilului.

De exemplu, un copil care a fost abuzat sexual de un membru al familiei sau de un vecin poate dezvolta depresie, anxietate, tulburări de alimentație, relații sexuale nesănătoase sau alte probleme emoționale. *Neglijarea* reprezintă un alt tip de traumă din copilărie, care poate avea consecințe grave asupra sănătății și dezvoltării copilului. Neglijarea poate consta în lipsa îngrijirii fizice, emoționale sau educaționale adecvate pentru copil, cum ar fi lipsa hranei, a îmbrăcămintei, a adăpostului, a afecțiunii sau a supravegherii. Neglijarea poate duce la subnutriție, neglijarea medicală, izolare socială, dezvoltarea întârziată, tulburări de atașament, probleme de învățare și alte consecințe negative asupra sănătății și dezvoltării copilului.

De exemplu, un copil care crește într-un mediu neglijent și neprietenos poate dezvolta anxietate, depresie, dificultăți de învățare, probleme de relaționare sau alte probleme de comportament.

Un alt tip de traumă din copilărie este *expunerea la violența domestică.*

Aceasta poate include supravegherea unor acte de violență fizică, verbală sau emoțională între părinți sau alte persoane adulte din familia copilului. Expunerea la violența domestică poate avea consecințe negative asupra sănătății mentale și emoționale a copilului, incluzând anxietate, depresie, traume psihologice, tulburări de comportament, dificultăți de relaționare și alte probleme emoționale.

De exemplu, un copil care asistă frecvent la certuri violente între părinți sau care este martor la agresiuni fizice sau verbale în familie poate dezvolta anxietate, frică, culpabilitate sau alte probleme emoționale.

De asemenea, *divorțul părinților* poate reprezenta o sursă de traumă pentru copil, deoarece poate afecta stabilitatea, securitatea și bunăstarea emoțională a acestuia. Divorțul poate duce la sentimente de tristețe, furie, vinovăție, confuzie sau pierdere pentru copil, și poate afecta relația acestuia cu părinții săi, precum și cu ceilalți membri ai familiei.

De exemplu, un copil care este implicat într-un divorț conflictual sau care este forțat să aleagă între părinți poate dezvolta anxietate, depresie, probleme de comportament, dificultăți de învățare sau alte probleme emoționale.

De asemenea, *moartea unui membru al familiei sau a unei persoane apropiate* poate reprezenta o sursă de traumă pentru copil, în special dacă pierderea este bruscă, neașteptată sau violentă. Moartea poate cauza sentimente de tristețe, doliu, regret, furie sau confuzie pentru copil, și poate afecta starea de bine emoțională și psihologică a acestuia.

De exemplu, un copil care își pierde un părinte sau un frate într-un accident sau din cauza unei boli grave poate dezvolta depresie, anxietate, doliu complicat, probleme de comportament sau alte consecințe emoționale.

Este important să se identifice traumele din copilărie și să se ofere sprijin și intervenții adecvate pentru a ajuta copiii să-și depășească experiențele traumatizante și să-și recapete starea de bine emoțională și psihologică.

Terapia individuală sau de familie, consilierea psihologică, terapia de joc, terapia prin artă sau alte forme de intervenție terapeutică pot fi eficiente în tratarea traumelor din copilărie și în promovarea vindecării și recuperării copiilor afectați. De asemenea, este important să se ofere suport emoțional, afecțiune, îngrijire și securitate copiilor care au fost expuși la traume din copilărie, pentru a-i ajuta să-și dezvolte resursele personale, să-și consolideze stima de sine și să-și întărească relațiile sociale și familiale.

Impactul traumelor din copilărie poate fi extrem de profund și poate afecta multiple aspecte ale vieții unei persoane, inclusiv relațiile interpersonale, cariera, sănătatea mentală și emoțională, precum și capacitatea de a face față stresului sau de a se dezvolta în mod corespunzător din punct de vedere emoțional,Este important să analizăm modul în care aceste traume din copilărie au influențat viața individului și să identificăm strategii eficiente pentru gestionarea și vindecarea acestor răni profunde.

Unul dintre impacturile majore ale traumelor din copilărie este reprezentat de afectarea relațiilor interpersonale.

Copiii care au trăit abuzuri sau neglijări în copilărie pot dezvolta dificultăți în încredere, atașament și comunicare în relațiile lor ulterioare. Ei pot manifesta comportamente evitante, anxioase sau agresive și pot avea dificultăți în stabilirea și menținerea relațiilor sănătoase și semnificative.

De exemplu, un copil care a fost abuzat sau neglijat de părinți în copilărie poate dezvolta un model de atașament nesigur și poate avea dificultăți în încredere și deschidere în relațiile sale intime sau de prietenie.

De asemenea, traumele din copilărie pot afecta modul în care individul percepe și gestionează emoțiile, ceea ce poate duce la probleme de sănătate mentală și emoțională. Copiii care au trăit traume pot avea dificultăți în reglarea emoțiilor și pot fi mai predispuși la anxietate, depresie, tulburări de personalitate sau alte probleme psihologice.

De exemplu, un copil care a fost martor la violență domestică în copilărie poate dezvolta anxietate sau o imagine de sine negativă, ceea ce îl poate afecta în viața de adult și îl poate determina să aibă dificultăți în gestionarea stresului sau în menținerea unei sănătăți mentale optime.

Traumele din copilărie pot influența modul în care individul se raportează la sine și la lumea din jurul său. Copiii care au trăit traume pot dezvolta convingeri negative despre ei înșiși și despre ceilalți și pot avea dificultăți în încredere, adaptare și auto-reglare. Ei pot avea probleme în menținerea unui comportament adecvat, în dezvoltarea unor strategii eficiente de coping sau în stabilirea obiectivelor și priorităților în viața lor.

De exemplu, un copil care a fost abandonat de părinți în copilărie poate dezvolta o imagine de sine negativă și să se simtă nevrednic de dragoste și respect, ceea ce poate duce la dificultăți în relațiile interpersonale și la sentimente de isolare și singurătate.

Traumele din copilărie pot avea un impact semnificativ asupra dezvoltării cognitive și sociale a individului. Copiii care au trăit traume pot avea dificultăți în concentrare, învățare, comunicare și relaționare și pot avea un nivel scăzut de încredere și resurse pentru a se descurca în societate. Aceștia pot avea dificultăți în menținerea unor relații sănătoase cu colegii de școală, cu membrii familiei sau cu prietenii și pot experimenta dificultăți în adaptarea la schimbările și provocările vieții de adult.

De exemplu, un copil care a fost victima bullying-ului în școală poate dezvolta anxietate socială sau depresie și poate avea dificultăți în învățare și performanță școlară, ceea ce poate afecta viitorul său academic și profesional.

Într-un context mai larg, traumele din copilărie pot influența modul în care individul se integrează în societate și își găsește locul în comunitatea sa. Copiii care au trăit traume pot avea dificultăți în menținerea unui comportament social adecvat, în respectarea regulilor și normelor sociale sau în colaborarea cu ceilalți în diverse contexte. Acest lucru poate duce la marginalizare, discriminare sau izolare socială și poate crea bariere în calea dezvoltării personale și profesionale a individului.

De exemplu, un copil care a crescut într-un mediu familial disfuncțional sau într-o comunitate săracă poate avea dificultăți în accesarea educației, locuirii sau ocupării unui loc de muncă stabil, ceea ce poate duce la perpetuarea ciclului de sărăcie și excluziune socială.

Este important să subliniem că traumele din copilărie pot avea consecințe pe termen lung asupra vieții individului și pot necesita intervenții terapeutice sau suport emoțional pentru a fi depășite și vindecate. Este esențial ca persoanele care au trăit traume în copilărie să primească îngrijire și suport adecvat pentru a-și putea recupera și restabili echilibrul emoțional, mental și psihologic. Prin identificarea, explorarea și confruntarea cu traumele din copilărie, individul poate începe să-și reconstruiască identitatea, să-și regleze emoțiile și să-și refacă relațiile interpersonale, cu scopul de a-și recăpăta încrederea în sine și speranța într-un viitor mai bun.

Traumele din copilărie reprezintă experiențe dureroase sau traumaticie care au avut loc în perioada copilăriei și care pot avea un impact negativ asupra dezvoltării individului și a capacității acestuia de a forma relații sănătoase și de a funcționa în mod optim în societate.Aceste traume pot fi cauzate de abuzul fizic, emoțional sau sexual, de neglijarea emoțională sau fizică, de divorțul părinților, de pierderea unui membru al familiei sau de alte evenimente traumatice.

Acceptarea că este nevoie să faci față acestor traume din copilărie este un prim pas crucial în procesul de vindecare și de depășire a consecințelor negative ale acestora.

Ignorarea sau negarea traumelor din copilărie poate avea consecințe grave asupra sănătății mentale și emoționale a individului și poate duce la perpetuarea unor modele de comportament toxice sau autodistructive.

Unul dintre pașii esențiali în procesul de vindecare a traumelor din copilărie este recunoașterea și conștientizarea impactului acestora asupra vieții noastre actuale. Acest lucru implică explorarea și înțelegerea modului în care traumele din copilărie au influențat modul în care ne raportăm la noi înșine și la ceilalți, modul în care ne gestionăm emoțiile și relațiile de apropiere, precum și modul în care ne raportăm la lumea din jurul nostru.

De exemplu, un adult care a suferit abuzuri fizice în copilărie ar putea să ducă o viață marcată de frica și anxietatea în relațiile interpersonale, să aibă dificultăți în a-și exprima nevoile și dorințele sau să fie predispus la comportamente auto-distructive sau violente.

A conștientiza legătura dintre traumele din copilărie și aceste comportamente autodistructive este primul pas către vindecare și eliberare.

Un alt aspect important în procesul de vindecare a traumelor din copilărie este acceptarea faptului că ceea ce s-a întâmplat în trecut nu definetează calea noastră în viitor. Traumele din copilărie pot determina crearea unor credințe limitative și distorsionate despre sine și despre lume, care pot împiedica individul să-și trăiască viața în mod autentic și sănătos.

De exemplu, un adult care a fost neglijat emoțional în copilărie ar putea să aibă o imagine distorsionată despre sine, să creadă că nu merită iubire sau susținere și să se auto-saboteze sau să fie atras de relații toxice sau abuzive. Acceptarea că aceste credințe limitative sunt rezultatul traumelor din copilărie și că ele pot fi transformate și eliberate este esențială în procesul de vindecare și de reconstrucție a unei identități sănătoase și pline de încredere.

Un alt aspect important al acceptării traumelor din copilărie este recunoașterea faptului că vindecarea nu este un proces ușor sau rapid și că este nevoie de timp, răbdare pentru a depăși consecințele acestora.

Traumele din copilărie pot avea un impact profund și persistent asupra psihicului nostru și este important să fim conștienți că vindecarea este un proces complex și adesea dureros, care poate implica revizitarea și reinterpretarea unor amintiri dureroase și supărătoare.

De exemplu, un adult care a suferit abuzuri sexuale în copilărie ar putea să se confrunte cu sentimente de rușine, vinovăție și dispreț față de sine pentru mult timp după evenimentele traumatice. Acceptarea că aceste emoții și trăiri nu sunt vinovatul acestora, ci rezultatul experiențelor traumatice din copilărie poate fi un pas important în direcția vindecării și eliberării de povara trecutului.

Un alt aspect crucial al acceptării traumelor din copilărie este recunoașterea faptului că nu suntem singuri în această luptă și că avem nevoie de sprijinul și încurajarea celor din jur pentru a ne vindeca și a merge înainte.

Terapia psihologică, suportul emoțional din partea prietenilor și a familiei, grupurile de suport și exercițiile de autocunoaștere și autocunoaștere pot fi instrumente importante în procesul de vindecare a traumelor din copilărie.

De exemplu, un adult care a suferit abuzuri emoționale din partea părinților în copilărie ar putea să beneficieze de terapie cognitiv-comportamentală pentru a înțelege și a modifica modelele disfuncționale de gândire și comportament pe care le-a internalizat din copilărie. Prin explorarea și conștientizarea traumelor din copilărie și a impactului acestora asupra vieții actuale, individul poate începe să-și reconstruiască încrederea în sine și să-și redefinească relațiile interpersonale într-un mod sănătos și echilibrat. Acceptarea că este nevoie să facem față traumelor din copilărie pentru a merge înainte reprezintă un pas esențial în procesul de vindecare și de eliberare de povara trecutului. Recunoașterea și conștientizarea impactului acestor traume asupra vieții noastre actuale, acceptarea faptului că vindecarea este un proces complex și adesea dureros. Procesul de vindecare a traumelor din copilărie poate fi dificil și plin de provocări, dar este unul esențial pentru a ne reconstrui viața și a ne redefini relațiile și felul în care ne raportăm la lumea din jurul nostru.

"Traumele din copilărie sunt
umbrele care ne urmăresc
pe tot parcursul vieții noastre,
până când decidem să le
aducem la lumină și să le
înțelegem cu adevărat."
Carl Jung

CAPITOLUL 2

Acceptarea și iertarea traumelor din copilărie.
- *Înțelegerea că traumele trecutului nu te definesc.*
- *Învățarea să îți accepți trecutul și să îți ierți părinții sau persoanele responsabile pentru traumele tale.*
- *Recunoașterea că iertarea este un proces care te eliberează de povara traumelor din copilărie.*

Este important să înțelegem că aceste traume din copilărie pot avea repercusiuni pe termen lung și pot contribui la apariția unor probleme psihologice, comportamentale și relaționale în viața adultă a individului. De aceea, acceptarea și iertarea acestor traume sunt pași esențiali în procesul de vindecare și de eliberare a individului de povara trecutului. În continuare, vom explora mai în detaliu importanța acceptării și iertării traumelor din copilărie, precum și modalitățile prin care acestea pot fi înțelese și gestionate într-un mod sănătos.

Acceptarea traumelor din copilărie reprezintă un proces prin care individul își recunoaște și își conștientizează experiențele negative trăite în copilărie, fără a le nega sau a le minimaliza.

Acesta este primul pas în procesul de vindecare, deoarece permite individului să își recunoască propriile emoții și să își asume responsabilitatea pentru propriul proces de vindecare. Acceptarea traumelor poate fi dificilă, deoarece aduce adesea la suprafață emoții dureroase și tulburătoare, precum furie, tristețe, vinovăție sau rușine. Totuși, este important să înțelegem că acceptarea nu înseamnă aprobarea sau justificarea traumelor, ci este un pas necesar pentru a putea merge înainte și a depăși efectele negative ale acestora.

Pentru a putea accepta traumele din copilărie, este util să explorăm și să înțelegem contextul în care acestea au avut loc și modul în care acestea ne-au afectat în prezent.

De exemplu, un copil care a fost martor la violența domestică în copilărie poate avea dificultăți în relațiile de cuplu sau poate fi predispus la comportamente agresive în relația sa cu ceilalți. Înțelegerea modului în care traumele din copilărie ne influențează în prezent ne permite să identificăm conexiunile între trecut și prezent și să ne confruntăm cu emoțiile negative asociate cu aceste traume.

Pe lângă acceptarea traumelor din copilărie, iertarea reprezintă un alt aspect important în procesul de vindecare. Iertarea nu înseamnă a uita sau a justifica abuzul suferit, ci înseamnă a renunța la resentimente și la dorința de răzbunare împotriva persoanelor implicate în traumele noastre. Iertarea este benefică nu doar pentru cei care au provocat traumele, ci și pentru propria noastră sănătate emoțională și mentală. De multe ori, resentimentele și furia pe care le purtăm împotriva celor care ne-au rănit ne pot afecta în mod negativ și pot contribui la perpetuarea suferinței noastre.

În procesul de iertare, este important să ne amintim că iertarea este un act de generozitate față de noi înșine, care ne permite să ne eliberăm de povara trecutului și să ne reconstruim viața într-un mod mai sănătos și echilibrat. Iertarea nu înseamnă neapărat împăcare sau reconciliere cu cei care ne-au rănit, ci reprezintă mai degrabă un act de auto-îngrijire și de auto-vindecare. Prin iertare, putem renunța la durerea și suferința noastră interioară și putem elibera spațiu pentru vindecare și pentru trăirea unei vieți mai împlinite și autentice.

Pentru a putea ierta traumele din copilărie, este util să ne conectăm cu propriile noastre emoții și să recunoaștem impactul pe care aceste traume l-au avut asupra noastră. Este important să ne permitem să simțim și să exprimăm emoțiile care ne vin în urma traumelor trăite, precum furie, tristețe, vinovăție sau rușine. De asemenea, este util să ne conectăm cu resursele interioare pe care le avem la dispoziție, precum compasiunea, înțelegerea și reziliența, pentru a ne ajuta să depășim durerea și suferința noastră și să ne reconstruim viața într-un mod sănătos și echilibrat.

Există mai multe modalități prin care putem să ne acceptăm și să ne iertăm traumele din copilărie și să ne eliberăm de suferința și durerea asociate cu acestea. Unele dintre aceste modalități pot include terapia psihologică, meditația, auto-reflecția, expresia creativă, scrierea jurnalului sau alte tehnici de autocunoaștere și de gestionare a emoțiilor. Este important să găsim modalitățile care funcționează cel mai bine pentru noi și să ne acordăm timpul și spațiul necesar pentru a ne vindeca și a ne reconstrui viața într-un mod sănătos și echilibrat.

De asemenea, este important să ne întoarcem cu compasiune către copilul interior în noi și să ne oferim sprijinul și îngrijirea de care am avut nevoie în copilărie. Prin conștientizarea și recunoașterea nevoilor noastre emoționale și psihologice, putem să ne conectăm cu partea noastră vulnerabilă și să ne oferim compasiunea și suportul de care avem nevoie pentru a ne vindeca și a ne reconstrui viața într-un mod sănătos și armonios.

Acceptarea și iertarea traumelor din copilărie reprezintă pași importanți în procesul de vindecare și de eliberare a individului de povara trecutului. Prin acceptarea și iertarea propriilor traume, putem să ne eliberăm de resentimente, de vinovății și de suferințe și să ne reconstruim viața într-un mod mai sănătos și echilibrat. Este important să ne acordăm timpul și spațiul necesar pentru a ne conecta cu propriile noastre emoții și pentru a ne oferi sprijinul și compasiunea de care avem nevoie pentru a ne vindeca și a ne construi viața pe care o dorim și merităm.

Traumele trecutului reprezintă evenimente dureroase sau traumatizante care au avut loc în trecutul unei persoane și care au putut avea un impact semnificativ asupra persoanei respective.

Aceste traume pot fi rezultatul unor experiențe dureroase, precum abuzul fizic sau emoțional, neglijența, pierderea persoanelor dragi sau alte evenimente traumatizante. Aceste traume pot afecta profund un individ și pot influența modul în care acesta se percepe pe sine însuși și relațiile pe care le are cu ceilalți.

Este important de înțeles că traumele trecutului nu te definesc ca persoană. Chiar dacă aceste experiențe au avut un impact puternic asupra ta, ele nu ar trebui să-ți dicteze cine ești și cum acționezi în prezent. Este esențial să îți accepți trecutul și să înveți să te eliberezi de povara traumelor pentru a putea trăi o viață fericită și împlinită.

Unul dintre aspectele importante în înțelegerea că traumele trecutului nu te definesc este acceptarea faptului că trecutul nu poate fi schimbat. Nu poți reveni în timp și schimba evenimentele traumatizante care au avut loc în trecutul tău, dar poți alege să accepți acele experiențe și să te concentrezi pe prezent și viitor. Este important să renunți la resentimente și vinovăție și să înveți să îți ierți trecutul pentru a putea merge mai departe în viață.

Un alt aspect important în procesul de vindecare a traumelor trecutului este să îți recunoști valoarea și să îți întărești încrederea în sine. Traumele trecutului pot determina o persoană să se simtă neînsemnată sau lipsită de valoare, dar este esențial să îți amintești că ești o persoană valoroasă și demnă de iubire și respect. Poți începe să-ți cultivi încrederea în sine prin practicarea autocunoașterii, dezvoltarea abilităților personale și stabilirea unor obiective realiste și realizabile.

O altă modalitate de a înțelege că traumele trecutului nu te definesc este să cauți sprijin și ajutor din partea celor din jur. Poți beneficia de terapie sau consiliere pentru a-ți elibera emoțiile și a-ți vindeca rănile trecutului. De asemenea, poți conta pe sprijinul familiei, prietenilor sau persoanelor dragi pentru a te susține în procesul de vindecare. Este important să îți exprimi deschis emoțiile și sentimentele și să ceri ajutor atunci când simți nevoia.

Pentru a putea să treci peste traumele trecutului și să nu te lași definit de acestea, este esențial să îți construiești un viitor pozitiv și împlinit. Poți face acest lucru prin stabilirea unor obiective și direcții clare pentru viitor, prin cultivarea relațiilor sănătoase și prin practicarea grijii de sine. Este important să îți acorzi timp pentru a-ți bucura de momentele plăcute din viață și pentru a te concentra pe lucrurile care îți aduc fericire și împlinire.

Un exemplu concret al modului în care traumele trecutului nu te definesc este povestea unei persoane care a fost supusă abuzului în copilărie. Această persoană a crescut având dificultăți în a-și exprima emoțiile și în a stabili relații sănătoase din cauza traumei trecutului. Cu toate acestea, această persoană a ales să meargă la terapie și să lucreze la vindecarea rănilor din trecut. Prin procesul terapeutic, persoana a reușit să își elibereze emoțiile refulate și să își dezvolte abilitățile de comunicare și relaționare. Astfel, persoana a reușit să își construiască relații sănătoase și de încredere și să-și redefinească propria valoare și respect pentru sine. Chiar dacă traumele trecutului au avut un impact dureros asupra vieții sale, persoana nu s-a lăsat definită de acestea și a ales să își creeze un viitor pozitiv și împlinit. Este important să înțelegem că traumele trecutului nu te definesc ca persoană.

Indiferent de experiențele dureroase pe care le-ai trăit în trecut, poți alege să îți reconstruiești viața și să nu te lași influențat de acele traume. Prin acceptarea trecutului, cultivarea încrederii în sine, căutarea sprijinului și construirea unui viitor pozitiv, poți să nu te lași definit de traumele trecutului și să trăiești o viață fericită și împlinită.

Această temă de a îți accepta trecutul și de a îți ierta părinții sau persoanele responsabile pentru traumele tale este un aspect foarte important în procesul de vindecare și de creștere personală. Multe dintre traumele și rănile noastre emoționale provin din experiențele din copilărie, din relația cu părinții sau cu alte persoane care au avut un impact semnificativ în viața noastră.

Să analizăm mai în profunzime această temă și să explorăm diferite aspecte legate de acceptarea trecutului și de iertarea părinților sau a altor persoane responsabile pentru traumele noastre. Sa discutam despre importanța acestor aspecte în procesul de vindecare și de dezvoltare personală, sa exploram motivele pentru care este atât de dificil să ne iertăm și să iertăm alte persoane, și vom oferi strategii și tehnici practice pentru a ne ajuta în acest proces.

- **Importanța de a îți accepta trecutul.**
Acceptarea trecutului este un pas esențial în procesul de vindecare și de creștere personală. Mulți dintre noi purtăm cu noi răni și traume emoționale din trecutul nostru, iar refuzul de a accepta aceste experiențe poate fi un obstacol în calea noastră către o viață mai fericită și mai împlinită. Acceptarea trecutului înseamnă să recunoaștem și să integrăm în mod conștient toate experiențele noastre, bune sau rele, și să ne eliberăm de durerea și suferința pe care le-am trăit.

Un aspect important al acceptării trecutului este să ne confruntăm cu adevărul și să ne asumăm responsabilitatea pentru propriile alegeri și acțiuni în trecut. Este ușor să aruncăm vina pe alții sau să ne justificăm comportamentul nostru, dar numai atunci când ne asumăm responsabilitatea pentru ceea ce am făcut sau pentru felul în care am reacționat la anumite situații, putem să învățăm din experiențele noastre și să ne dezvoltăm ca ființe umane.

De asemenea, acceptarea trecutului înseamnă să ne eliberăm de resentimente, regrete și reproșuri pe care le purtăm în inimă.

Este important să învățăm să acceptăm faptul că trecutul nu poate fi schimbat și să ne concentrăm asupra prezentului și asupra viitorului. Prin acceptarea trecutului ne putem deschide noi oportunități de creștere și de transformare, și putem să ne eliberăm de povara emoțională pe care o purtăm cu noi.

Un exemplu concret de acceptare a trecutului este cazul unei persoane care a fost abuzată în copilărie de către părinți sau de către o altă persoană apropiată. Aceptarea acestei traume implică recunoașterea faptului că abuzul a avut loc și că a avut un impact profund asupra vieții acelei persoane. Este important ca aceasta să își recunoască durerea și suferința pe care le-a trăit, să își exprime emoțiile și să își acorde permisiunea de a se vindeca și a își reconstrui viața din nou.

- **Iertarea părinților sau a persoanelor responsabile pentru traumele tale.**

Iertarea părinților sau a altor persoane responsabile pentru traumele noastre este un proces complex și uneori dificil. Mulți dintre noi purtăm în inimă resentimente și furie față de cei care ne-au rănit sau ne-au neglijat în copilărie, și ne este greu să le iertăm pentru aceste suferințe pe care le-am trăit.

Totuși, iertarea este un act de putere și de autocunoaștere care ne poate elibera de povara trecutului și ne poate ajuta să ne vindecăm rănile emoționale.

Iertarea părinților sau a altor persoane responsabile pentru traumele noastre nu înseamnă să justificăm sau să minimalizăm suferința pe care am trăit, ci înseamnă să ne eliberăm de resentimente și de negativitate și să ne permitem să mergem mai departe în viață. Prin iertare, putem să ne eliberăm de povara trecutului și să ne reconstruim relațiile cu cei dragi într-un mod mai empatic și mai înțelegător.

Un aspect important al iertării este să ne asumăm controlul asupra propriilor emoții și să ne eliberăm de nevoia de a răzbuna suferințele trecute. Când refuzăm să iertăm, de fapt ne limităm propria fericire și ne împiedicăm să ne dezvoltăm pe plan personal. Iertarea nu este un act de slăbiciune, ci un act de curaj și de compasiune față de sine și față de ceilalți.

Un exemplu de iertare poate fi cazul unei persoane care a fost abandonată de părinți în copilărie și care a crescut fără afecțiune și susținere emoțională. Această persoană poate purta în inimă sentimente de tristețe, de furie și de abandon, și poate fi tentată să își exprime aceste emoții prin comportamente autodistructive sau agresive. Prin iertarea părinților săi, aceasta poate să își elibereze inima de resentimente și să își permită să își reconstruiască relația cu propria sa copilărie și cu propria sa identitate.

- **Motivele pentru care este dificil să ne iertăm și să iertăm alte persoane.**

Procesul de iertare este adesea dificil și complicat, iar există mai multe motive pentru care ne este atât de greu să ne iertăm și să iertăm alte persoane pentru traumele noastre.

Unul dintre motivele pentru care ne este dificil să ne iertăm este teama noastră de a ne confrunta cu propria vulnerabilitate și cu propriile noastre greșeli. Ne este greu să acceptăm faptul că am putut să facem rău altor persoane sau să fim responsabili pentru propriile suferințe, și ne este dureros să ne recunoaștem propriile noastre imperfecțiuni și slăbiciuni.

Un alt motiv pentru care ne este dificil să ne iertăm este sentimentul nostru de vinovăție și de rușine față de propria persoană. Ne judecăm și ne criticăm în mod constant pentru greșelile noastre și ne simțim vinovați și rușinați pentru că am putut să rănim pe cineva sau să comitem acțiuni negative. Aceste sentimente de vinovăție ne pot împiedica să ne iertăm și să ne permitem să mergem mai departe.

În ceea ce privește iertarea altor persoane, un motiv important pentru care ne este dificil să iertăm este durerea și suferința pe care le-am trăit în urma traumelor și a rănilor emoționale pe care le-am suferit. Ne este greu să îi iertăm pe cei care ne-au rănit pentru că simțim că astfel am valida suferința noastră și am renunța la dreptul nostru de a ne lăsa pe noi înșine să fim afectați de acțiunile lor.

Un alt motiv pentru care ne este dificil să iertăm este resentimentul și furia pe care le purtăm în inimă față de cei care ne-au rănit sau ne-au neglijat în trecut. Ne este greu să trecem peste aceste sentimente negative și să le eliberăm de ele, și ne simțim blocați în ciclul negativ al reproșurilor și al resentimentelor.

- **Strategii și tehnici practice pentru a ne ajuta să ne iertăm și să iertăm alte persoane.**

În ciuda dificultăților și obstacolelor pe care le întâmpinăm în procesul de iertare, există o serie de strategii și tehnici practice care ne pot ajuta să ne eliberăm de resentimente și să ne împăcăm cu propriul nostru trecut.

Una dintre cele mai eficiente strategii pentru a ne ajuta să ne iertăm este să ne practicăm compasiunea față de sine. Este important să fim blânzi și îngăduitori cu noi înșine și să ne permitem să ne eliberăm de judecățile și critica interioară. În loc să ne blamăm pentru greșelile noastre sau să ne criticăm pentru imperfecțiunile noastre, este mai util să ne oferim aceeași încurajare și susținere emoțională pe care am acorda-o unui prieten apropiat.

Un alt aspect important în procesul de iertare este să ne exprimăm emoțiile în mod sănătos și să ne eliberăm de durerea și suferința pe care o purtăm în inimă. Este important să găsim modalități constructive de a ne exprima tristețea, furia și frustarea noastră și să ne permitem să plângem, să urlăm sau să ne descărcăm emoțional într-un mod controlat și conștient.

De asemenea, este util să ne focalizăm asupra aspectelor pozitive din propria viață și să ne concentrăm asupra resurselor și calităților noastre personale. În loc să ne concentram asupra rănilor emoționale și a suferințelor noastre, este mai util să ne concentrăm asupra lucrurilor bune din viața noastră și să ne recunoaștem valorile și meritele noastre personale.

În ceea ce privește iertarea altor persoane, un aspect important este să ne reconstruim relațiile cu acestea pe baza compasiunii și empatiei. Este important să ne punem în locul celor care ne-au rănit și să încercăm să înțelegem motivele lor și suferințele lor personale. Prin exercițiul empatiei și al înțelegerii, putem să ne eliberăm de resentimente și să ne deschidem inima către iertare și reconciliere.

Procesul de a îți accepta trecutul și a îți ierta părinții sau persoanele responsabile pentru traumele tale este un aspect esențial în procesul de vindecare și de creștere personală. Pentru a putea să ne eliberăm de povara trecutului și să ne reconstruim viața într-un mod mai fericit și mai împlinit, este important să ne confruntăm cu adevărul despre experiențele noastre și să ne permitem să ne eliberăm de resentimente și de reproșuri.

Prin acceptarea trecutului și prin iertarea părinților sau a altor persoane responsabile pentru traumele noastre, putem să ne reconstruim identitatea și să ne redescoperim adevărata esență. Este un act de curaj și de compasiune față de sine și față de ceilalți, și ne poate ajuta să ne dezvoltăm într-un mod armonios și să ne împlinim potențialul personal. În final, procesul de iertare este un act de putere și de autocunoaștere care ne poate elibera inima și ne poate ghida către o viață mai fericită și mai înțeleaptă.

Iertarea este un proces psihologic complex, care implica un efort constient de a elibera resentimentele si nedreptatile traite in trecut. Aceasta presupune sa iti ierti pe tine insuti sau pe cei din jurul tau pentru greutatile si traumele pe care le-ai experimentat. Acest proces poate fi dificil, dar este esential pentru sanatatea emotionala si mentala a individului.

Traumele din copilarie sunt adesea cele mai puternice si dureroase, deoarece ne influenteaza in mod direct dezvoltarea personala si emotionala.

Copiii care au experimentat abuzuri, neglijare sau alte forme de trauma, pot deveni adulti cu traume nerezolvate, care le afecteaza relatia cu ei insisi si cu cei din jurul lor. Iertarea poate fi un instrument puternic pentru a vindeca aceste rani si a continua sa traiesti o viata plina de sens si fericire.

Un exemplu elocvent de efectul traumelor din copilarie asupra adultului poate fi cazul unei persoane care a fost abuzata verbal sau fizic de parintii sau tutorele lor. Aceasta experienta dureroasa poate lasa cicatrici profunde in mintea si inimile acestor persoane, care se pot manifesta prin anxietate, depresie sau probleme de incredere in sine. Incercarea de a ierta aceasta persoana care le-a ranit atat de mult poate parea imposibila, insa este cruciala pentru a putea continua sa traiesti o viata plina de iubire si intelegere fata de ceilalti.

Iertarea nu inseamna sa uiti sau sa justifici comportamentul abuziv al unei persoane, ci sa iti permiti sa renunti la resentimente si sa iti continui viata cu mai multa compasiune si intelegere. Iertarea este un proces care implica acceptarea si eliberarea, si nu trebuie sa fie confundata cu lasarea de garda jos sau cu permisia pentru ca traumele sa se repete.

Un alt exemplu de impact al traumelor din copilarie asupra adultului poate fi cazul unei persoane care a crescut intr-un mediu familial disfunctional, unde violenta si neglijarea erau la ordinea zilei. Aceasta persoana poate avea dificultati in a-si construi relatii sanatoase si stabile, din cauza lipsei de modele pozitive de comportament si comunicare. Iertarea devine astfel un instrument esential pentru a isi vindeca traumele si a infrunta fricile si insecuritatile din trecut.

In acest context, terapia si consilierea pot fi de mare ajutor in procesul de iertare, oferind un spatiu sigur si suportiv pentru a explora si intelege originile traumelor si a gasi modalitati de a le depasi. Prin discutarea deschisa a emotiilor si a gandurilor legate de experientele traumatiante din copilarie, individul poate incepe sa-si recunoasca si sa-si accepte sentimentele de furie, tristete sau vinovatie, si sa lucreze concret la eliberarea lor prin practicarea iertarii.Important in procesul de iertare este recunoasterea si acceptarea propriilor greseli si comportamente. Uneori, suntem noi insine cei care am provocat rani sau suferinte altor persoane, fie din ignoranta, frustrare sau rautate.

Iertarea de sine este la fel de importanta ca si iertarea celorlalti, si poate fi la fel de dificila. Este esential sa-ti permiti sa te eliberezi de povara greselilor si sa te accepti asa cum esti, cu bune si cu rele.

Iertarea de sine poate fi un proces lung si dureros, insa este absolut necesar pentru a putea avea o relatie sanatoasa cu tine insuti si cu ceilalti. Atunci cand iti ierti si iti accepti greselile, te poti vindeca de traumele din copilarie si poti incepe sa construiesti o viata mai plina de intelegere si compasiune.

Pe langa aspectele individuale ale iertarii, este important sa recunoastem si impactul pe care aceasta il poate avea asupra relatiilor interpersonale. Atunci cand reusim sa ne iertam pe noi insine si pe ceilalti, putem construi relatii mai sanatoase si mai empateice, bazate pe incredere reciproca si respect. Iertarea ne poate ajuta sa ne deschidem in fata celorlalti si sa ne exprimam emotiile si nevoile in mod autentic, fara teama de respingere sau critica.

Un exemplu concret de impact al iertarii asupra relatiilor interpersonale poate fi un cuplu care a trecut prin dificultati si tradari, dar care au reusit sa-si ierte reciproc greselile si sa-si reconstruiasca increderea.

Prin practicarea iertarii, cei doi parteneri pot repara rani vechi si pot renunta la resentimente, permitandu-le sa-si construiasca o legatura mai puternica si mai sincera. Iertarea poate crea un spatiu de comunicare deschisa si de intelegere reciproca, care sa sustina sanatatea si fericirea ambilor parteneri.

Totodata, iertarea poate avea un impact pozitiv si asupra comunitatii si societatii in ansamblu. Atunci cand oamenii invata sa-si ierte dusmanii si sa-si rezolve conflictele in mod pasnic, se pot construi legaturi mai puternice si mai solidare intre indivizi si grupuri sociale. Iertarea poate fi un instrument puternic impotriva urii si diviziunii, promovand pacea si armonia in societate. Iertarea este un proces esential pentru a ne elibera de povara traumelor din copilarie si pentru a ne reconstrui viata intr-un mod mai sanatos si mai fericit.

Iertarea nu este un act de slabiciune, ci de putere si intelegere, care poate transforma viata noastra si relatiile noastre in moduri profunde si benefice.

"Nu putem schimba trecutul,
dar putem accepta și ierta ceea
ce ne-a marcat în copilărie și
ne-a modelat în adulție."

CAPITOLUL 3

Găsirea unui sprijin.

- *Căutarea unui terapeut sau a unui grup de suport pentru a-ți gestiona traumele.*
- *Construirea unei rețele de susținere din persoane de încredere.*
- *Înțelegerea că este important să ceri ajutor atunci când simți că nu poți face față singur traumelor tale.*

Copilăria este o perioadă foarte importantă din viața noastră, în care ne formăm bazele personalității și relațiilor interpersonale. Însă, uneori copilăria poate fi marcată de traume, care ne pot afecta pe termen lung și ne pot influența comportamentul și relațiile în viața adultă. Este foarte important să găsim un sprijin în depășirea acestor traume din copilărie, pentru a ne putea vindeca și a putea trăi o viață fericită și împlinită. Există mai multe metode prin care putem găsi sprijin în depășirea traumelor din copilărie, fie că este vorba de terapie individuală sau de grup, de consiliere psihologică sau de alte metode de vindecare emoțională. În continuare, vom explora aceste metode și vom oferi exemple specifice pentru a ilustra modul în care acestea pot fi aplicate în practică.   **50**

Una dintre cele mai eficiente metode de a depăși traumele din copilărie este terapia individuală. Aceasta presupune întâlniri regulate cu un terapeut calificat, în care putem discuta despre traumele noastre, emoțiile asociate și efectele lor asupra noastre. Terapeutul ne poate ajuta să conștientizăm și să procesăm traumele din copilărie, să identificăm gândurile și comportamentele negative care ne afectează. De exemplu, să presupunem că o persoană a crescut într-o familie abuzivă și a dezvoltat o relație complicată cu propriul său corp și sexualitatea. Prin terapie individuală, această persoană poate explora traumele din copilărie care au dus la aceste probleme, poate începe să-și vindece rănile emoționale și să-și reconstruiască încrederea în propriul corp și sexualitate.

Un alt mod de a găsi sprijin în depășirea traumelor din copilărie este terapia de grup. Participarea la un grup de suport sau la un program de terapie de grup poate fi foarte benefică, deoarece îți oferă posibilitatea de a interacționa cu alte persoane care au experimentat traume similare și de a învăța din experiențele și resursele lor.

De exemplu, să presupunem că o persoană a crescut într-o familie în care a fost ignorată și subestimată constant. Prin participarea la un grup de terapie de grup pentru persoane cu traume din copilărie, această persoană poate găsi un spațiu sigur și de înțelegere, unde poate împărtăși experiențele sale, să-și exprime emoțiile și să primească sprijin și susținere de la ceilalți membri ai grupului. Consilierea psihologică este o altă opțiune de sprijin în depășirea traumelor din copilărie. Un consilier psihologic calificat poate oferi sfaturi și orientare personalizate pentru a ne ajuta să ne gestionăm emoțiile, să ne depășim fricile și să ne îmbunătățim abilitățile de comunicare și relaționare.

De exemplu, să presupunem că o persoană a fost martoră la violență domestică în copilărie și se confruntă cu anxietate și stres cronic. Prin consilierea psihologică, această persoană poate identifica sursele stresului și anxietății sale, să învețe tehnici de relaxare și gestionare a stresului și să își restructureze gândurile și percepțiile negative într-un mod sănătos.

În afară de terapie individuală, terapie de grup și consiliere psihologică, există și alte metode de vindecare emoțională pe care le putem folosi pentru a ne depăși traumele din copilărie. Printre acestea se numără terapia prin artă, terapia prin joc, terapia prin mișcare și meditația.

Terapia prin artă constă în folosirea expresiei artistice (desen, pictură, sculptură, dans etc.) ca modalitate de a explora și de a-ți exprima emoțiile și traumele din copilărie. Această formă de terapie poate fi foarte eficientă pentru persoanele care simt dificultate în a-și exprima emoțiile verbal sau pentru cele care au traume legate de creativitate și exprimare artistică.

De exemplu, să presupunem că o persoană a suferit o pierdere grea în copilărie și se confruntă cu sentimente de durere și vinovăție. Prin terapia prin artă, această persoană poate crea o lucrare artistică care exprimă aceste emoții și îi permite să le proceseze și să le elibereze într-un mod creativ și non-verbal.

Terapia prin joc este o altă metodă de vindecare emoțională care implică folosirea jocului și a activităților ludice pentru a explora și a-ți rezolva traumele din copilărie. Această formă de terapie poate fi utilă pentru persoanele care au dificultăți în a-și exprima emoțiile sau care au traume legate de joacă și distracție.

De exemplu, să presupunem că o persoană a fost neglijată în copilărie și are dificultăți în a-și exprima emoțiile și a se angaja în relații sănătoase. Prin terapia prin joc, această persoană poate explora modul în care traumele din copilărie i-au afectat comportamentul și relațiile, poate învăța să-și reconstruiască încrederea în sine și în ceilalți și să-și dezvolte abilități de comunicare și relaționare adecvate.

Terapia prin mișcare este o altă metodă eficientă de vindecare emoțională, care implică folosirea exercițiilor fizice și a mișcării corporale ca modalitate de a elibera tensiuni și emoții negative, de a-ți îmbunătăți starea de spirit și de a-ți crește stima de sine.

De exemplu, să presupunem că o persoană a fost abuzată fizic în copilărie și se confruntă cu sentimente de furie și resentiment față de propria persoană. Prin terapia prin mișcare, această persoană poate folosi exercițiile fizice pentru a elibera tensiunile acumulate în corp, pentru a-și elibera emoțiile negative și pentru a-și îmbunătăți starea de spirit și starea de bine.

Meditația este o altă tehnică eficientă de vindecare emoțională care implică folosirea tehnicilor de relaxare și de concentrare mentală pentru a-ți calma mintea, a-ți elibera stresul și a-ți îmbunătăți starea de spirit și starea de bine.

De exemplu, să presupunem că o persoană a crescut într-un mediu stresant și abuziv și se confruntă cu anxietate și depresie. Prin practicarea regulată a meditației, această persoană poate învăța să-și calmeze mintea agitată, să-și reducă nivelul de stres și să-și îmbunătățească starea de spirit și starea de bine în mod natural și eficient.

Depășirea traumelor din copilărie poate fi un proces dificil și dureros, dar este un proces absolut necesar pentru a ne vindeca și a ne construi o viață fericită și împlinită. De aceea, este important să căutăm ajutor și sprijin în depășirea traumelor noastre, fie că este vorba de terapie individuală, terapie de grup, consiliere psihologică sau alte metode de vindecare emoțională. Cu ajutorul unui terapeut calificat și cu efort și determinare din partea noastră, putem depăși traumele din copilărie și putem să ne reconstruim viața într-un mod sănătos și echilibrat.

Traumele sunt experiențe dureroase și copleșitoare care pot afecta în mod semnificativ bunăstarea și funcționarea unei persoane. Ele pot fi rezultatul unor evenimente traumatizante cum ar fi abuzul fizic sau emoțional, abandonul, violența, accidentele sau pierderile devastatoare. Traumele pot avea un impact profund asupra sănătății mentale și emoționale a unei persoane, afectându-le relațiile, capacitatea de a lucra și de a se bucura de viață. Gestionarea traumelor necesită o abordare atentă și specializată, deoarece aceste experiențe pot fi extrem de complexe și profunde. Unele persoane se confruntă cu traume îngropate adânc în subconștientul lor și sunt nevoite să le facă față și să le vindece pentru a putea să-și recapete echilibrul și să progreseze în viață.

Unul dintre cei mai eficienți pași în gestionarea traumelor este terapia. Terapeuții specializați în trauma sunt pregătiți să ofere suport emoțional, să ajute la explorarea și înțelegerea traumelor trecute și să ghideze persoana în procesul de vindecare. Există mai multe tipuri de terapii eficiente pentru gestionarea traumelor, printre care terapia cognitiv-comportamentală, terapia comportamentală dialectică, terapia experiențială și terapia somatică.

- Terapia cognitiv-comportamentală (TCC) este un tip de terapie care se concentrează pe identificarea și schimbarea gândurilor și comportamentelor negative asociate cu trauma. Terapeutul lucrează împreună cu pacientul pentru a înțelege cum gândurile și comportamentele sale influențează emoțiile și să-l ajute să dezvolte strategii sănătoase de gestionare a traumelor.

- Terapia comportamentală dialectică (TCD) este o formă de terapie care se concentrează pe dezvoltarea de abilități de reglare emoțională și de toleranță a stresului. Această terapie ajută persoanele să își regleze emoțiile intense și să gestioneze traumele trecute.

- Terapia experiențială este un tip de terapie care implică lucrul direct cu emoțiile traumei. Terapeutul ajută pacientul să exploreze și să trăiască emoțiile traumatice într-un mediu sigur și de sprijin, pentru a putea să le elibereze și să le vindece.

- Terapia somatică este o abordare care se concentrează pe conexiunea între minte și corp și pe modul în care traumele pot fi stocate în corp. Terapeutul ajută pacientul să devină conștient de senzațiile trăite în corp și să le elibereze pentru a vindeca traumele. Pe lângă terapie, un alt mod eficient de gestionare a traumelor este participarea la grupuri de suport.

 - Grupurile de suport sunt locuri sigure în care persoanele care au trăit traume similare pot să-și împărtășească experiențele, să primească sprijin și să se simtă mai puțin singure în lupta lor. Participarea la un grup de suport poate fi extrem de benefică pentru persoanele care se confruntă cu traume, deoarece le oferă ocazia de a se conecta cu alții, de a învăța de la experiențele lor și de a obține sprijinul de care au nevoie pentru a se vindeca.

Un exemplu de grup de suport pentru gestionarea traumelor este un grup de supraviețuitori ai abuzului sexual. Acest grup oferă un mediu sigur și de sprijin în care supraviețuitorii pot să-și împărtășească experiențele, să-și elibereze emoțiile traumei și să primească sprijin din partea celorlalți membri.

Un alt exemplu de grup de suport este un grup pentru persoane care au suferit pierderi devastatoare.

Acest grup oferă un spațiu în care participanții pot să-și exprime durerea și să-și împărtășească amintirile cu cei care înțeleg pe deplin ceea ce trec.

Este important ca persoanele care se confruntă cu traume să caute un terapeut sau un grup de suport potrivit pentru nevoile lor specifice. Un terapeut specializat în trauma sau un grup de suport cu membri care au trăit experiențe similare poate fi extrem de util în procesul de vindecare.

Gestionarea traumelor necesită o abordare atentă și specializată pentru a permite persoanelor să-și elibereze emoțiile traumei, să înțeleagă impactul traumei asupra lor și să înceapă procesul de vindecare.

Terapia și grupurile de suport sunt instrumente importante în gestionarea traumelor și pot oferi persoanelor sprijinul și îndrumarea de care au nevoie pentru a se vindeca și a-și recăpăta echilibrul emoțional și mental.

Rețeaua de susținere este un element crucial în viața fiecărei persoane, oferindu-le suport emoțional, social, practic și financiar în momentele dificile sau doar ca o sursă de sprijin constantă și încurajare în tot ceea ce fac.

Aceasta constă dintr-un grup de persoane de încredere care sunt dispuse să ofere sprijin și să fie alături de tine în momentele de nevoie. Construirea unei rețele de susținere este un proces continuu și implică identificarea persoanelor potrivite care pot să îți ofere sprijin în diferite domenii ale vieții tale. Aceste persoane ar trebui să fie de încredere, să îți ofere suport emoțional, să te încurajeze și să fie acolo pentru tine în momentele critice.

O rețea de susținere solidă poate consta în familie, prieteni apropiați, colegi de muncă, profesori, terapeuți sau consilieri, sau chiar grupuri de suport sau organizații comunitare. Este important să te gândești la nevoile tale și să identifici persoanele care pot să te ajute în fiecare aspect al vieții tale.

Vom explora cum poți construi o rețea de susținere puternică și eficientă, ce beneficii aduce și cum să menții aceste relații de încredere pe termen lung.

Identificarea persoanelor potrivite pentru reteaua ta de susținere:

Primul pas în construirea unei rețele de susținere este să identifici persoanele potrivite care să te sprijine în diferite aspecte ale vieții tale.

Este important să identifici persoanele care pot să îți ofere suport emoțional, să îți ofere sfaturi sau îndrumare în momentele dificile și să fie alături de tine în orice situație.

- Familia

- Familia este adesea prima sursă de susținere pentru majoritatea oamenilor. În mod ideal, ar fi bine să ai o relație sănătoasă și apropiată cu membrii familiei, care să îți ofere sprijin și înțelegere în momentele de nevoie.

- Prietenii apropiați

-Prietenii apropiați joacă un rol important într-o rețea de susținere. Aceștia ar trebui să fie persoane de încredere, care te cunosc bine și care pot să îți ofere suport emoțional și moral.

- Colegii de muncă

- Colegii de muncă pot fi, de asemenea, parte a rețelei tale de susținere. Aceștia pot să te ajute cu sfaturi legate de carieră, să te motiveze și să îți ofere suport în mediul profesional.

- Terapeuți sau consilieri

- Dacă te confrunți cu probleme emoționale sau psihologice, un terapeut sau un consilier pot fi persoanele potrivite să te ajute să depășești aceste dificultăți.

- Grupuri de suport sau organizații comunitare

- Participarea la grupuri de suport sau la diverse organizații comunitare poate fi o modalitate excelentă de a întâlni oameni care se confruntă cu aceleași probleme sau situații ca tine. Aici poți găsi sprijin, înțelegere și încurajare din partea celorlalți membri.

Beneficiile unei rețele de susținere:
Există numeroase beneficii în construirea unei rețele de susținere puternice. Iată câteva dintre acestea:

- Suport emoțional

- O rețea de susținere poate să îți ofere suport emoțional în momentele dificile, să te încurajeze și să îți ofere încredere în tine însuți.

- Indrumare și sfaturi

- Persoanele din rețeaua ta de susținere pot să te ajute cu sfaturi sau îndrumare în diferite aspecte ale vieții tale, oferindu-ți perspectiva lor sau sfaturi utile.

- Motivație și încurajare

- O rețea de susținere poate să te motiveze și să te încurajeze să îți atingi obiectivele sau să depășești obstacolele cu care te confrunți.

- Diversitate de perspective

- Având diferite persoane în rețeaua ta de susținere, poți beneficia de perspective diverse și sfaturi din domenii diferite, ceea ce îți poate oferi o viziune mai cuprinzătoare asupra situațiilor cu care te confrunți.

- Creșterea relațiilor sociale

- Construirea unei rețele de susținere puternice înseamnă că vei avea mai multe relații sociale pozitive și sănătoase, ceea ce poate contribui la creșterea stimei de sine și la îmbunătățirea sănătății mentale și emoționale.

Cum să menții o rețea de susținere puternică pe termen lung:

Pentru a menține o rețea de susținere puternică și eficientă pe termen lung, este important să ai grijă de aceste relații și să le îngrijești în mod constant. Iată câteva modalități prin care poți să menții o rețea de susținere solidă:

1. Comunicare deschisă și sinceră

-Comunicarea este cheia în orice relație, inclusiv în rețeaua ta de susținere. Fii deschis și sincer cu persoanele din această rețea, exprimă-ți nevoile și sentimentele și ascultă cu atenție ceea ce au de spus ceilalți.

- Reciprocitate

- Este important să oferi suport și să fii acolo pentru persoanele din rețeaua ta de susținere, la rândul tău. Reciprocitatea este esențială în menținerea unei relații sănătoase și echilibrate.

- Respect și încredere

- Respectul și încrederea sunt fundamentale în orice relație. Respectă punctele de vedere ale celorlalți, înțelegeți-vă reciproc și construiți încredere în relația voastră.

- Fii deschis la schimbare

- Fiecare persoană din rețeaua ta de susținere este diferită și are propriile nevoi și așteptări. Fii deschis la schimbare și învățări noi, acceptă că relațiile se pot dezvolta și evolua în timp.

- Întreține legăturile

- Pentru a menține o rețea de susținere puternică, este important să îți menții legăturile cu persoanele din această rețea. Fii prezent, implică-te în viața lor și oferă-le sprijinul de care au nevoie în momentele dificile.

Construirea unei rețele de susținere puternice este esențială pentru bunăstarea ta emoțională, socială și mentală. Identificarea persoanelor potrivite, beneficierea de suportul lor și menținerea acestor relații pe termen lung sunt aspecte importante în dezvoltarea unei rețele de susținere eficiente. Fii deschis, comunicativ și recunoscător față de persoanele care te susțin și nu uita că și tu poți fi o sursă valoroasă de sprijin pentru cei din jurul tău.

Trauma este o experiență sau un eveniment care provoacă o durere emoțională sau psihologică intensă și poate avea consecințe negative asupra sănătății mentale a unei persoane. Acest lucru poate include experiențe traumatice precum abuzul, pierderea unei persoane dragi, un accident sau orice alt eveniment care generează stres emoțional și disconfort. Trauma poate afecta modul în care o persoană se simte, gândește și interacționează cu lumea din jurul său. De multe ori, persoanele care trăiesc traume tind să se simtă singure și izolate, fiind preocupate de teama de a fi judecate sau neglijate de ceilalți. Însă este extrem de important să înțelegem că cererea de ajutor în momentele dificile este un semn de putere, nu de slăbiciune.

A cere ajutor în timpul traumei este un prim pas crucial către vindecare și recuperare. Există mai multe modalități prin care o persoană poate cere ajutor și poate primi suport în timpul traumei.

Aceasta includ:

- Terapie și consiliere.

Un terapeut sau consilier specializat în tratarea traumei poate oferi suport emoțional și tehnici de gestionare a stresului pentru a ajuta o persoană să facă față experiențelor traumatice.

- Grupuri de suport.

Participarea la grupuri de suport cu persoane care au trecut prin experiențe similare poate oferi un sentiment de comunitate și înțelegere care poate fi extrem de reconfortant.

- Medicatie.

În anumite cazuri, un medicament prescris de un profesionist în domeniul sănătății mentale poate fi util pentru gestionarea simptomelor traumei, cum ar fi anxietatea sau depresia.

- Practicile de autogrijă.

Exercițiile fizice regulate, meditația, yoga și alte activități care promovează relaxarea și bunăstarea mentală pot fi utile în gestionarea traumei.

- Sprijin din partea familiei și prietenilor. Apropiații pot fi o sursă importantă de suport emoțional și practic în timpul traumei. Este esențial să comunici deschis și sincer cu cei dragi despre nevoile tale și să ceri ajutor atunci când simți că nu poți face față singur. În plus, este important să conștientizăm că fiecare persoană reacționează diferit la traumă și că nu există o soluție unică sau universal valabilă pentru toată lumea. Este crucial ca fiecare individ să-și găsească propriul drum către vindecare și să-și recunoască nevoile unice.

De asemenea, este crucial să eliminăm stigmatizarea și judecata asociate cu cererea de ajutor în timpul procesului de vindecare. Este perfect normal și sănătos să ceri ajutor atunci când te simți copleșit de traumele tale și să recunoști că nu poți face față singur. Într-un mediu de susținere și acceptare, fiecare persoană are șansa de a-și vindeca rănile emoționale și de a recăpăta starea de bine.

Este esențial să înțelegem că cererea de ajutor în timpul traumei nu este un semn de slăbiciune, ci dimpotrivă, este un act de curaj și de responsabilitate față de propria sănătate mentală și emoțională.

"Traumele din copilărie sunt ca niște rădăcini putrezite care cresc în tine, distorsionând tot ceea ce atingi și tulburându-ți temelia ființei tale."
Carl Jung

CAPITOLUL 4

Lucrul cu emoțiile.

- *Identificarea emoțiilor legate de traumele din copilărie.*
- *Învățarea să îți recunoști și să îți gestionezi emoțiile într-un mod sănătos.*

Lucrul cu emoțiile este un aspect extrem de important al vieții umane, deoarece acestea au un impact profund asupra stării noastre generale și asupra modului în care ne comportăm și interacționăm cu ceilalți. Emoțiile reprezintă reacții subiective la diferite evenimente sau situații și pot fi pozitive sau negative, provocându-ne sentimente de bucurie, tristețe, furie, frică sau surpriză.

De-a lungul istoriei, oamenii au fost fascinați de emoții și au încercat să le înțeleagă și să le controleze într-un mod mai eficient. Din această curiozitate s-au născut diverse teorii și studii în domeniul psihologiei, neuroștiinței și filozofiei despre natura emoțiilor și rolul lor în viața noastră. Aceste cercetări au arătat că emoțiile nu sunt doar simple reacții chimice sau fiziologice, ci sunt influențate și încărcate de factori culturali, sociali și personali.

Există mai multe moduri în care lucrul cu emoțiile poate fi abordat. Una dintre abordările cele mai populare este terapia emoțională, care se concentrează pe identificarea, înțelegerea și gestionarea emoțiilor pentru a îmbunătăți starea de bine și relațiile personale. Terapia emoțională poate fi utilă în tratarea problemelor precum depresia, anxietatea, stresul sau traumele emoționale și poate îmbunătăți calitatea vieții unei persoane.

Un mod de a lucra cu emoțiile este învățarea și practicarea inteligenței emoționale, care se referă la capacitatea de a recunoaște, înțelege și gestiona propriile emoții și pe cele ale altora într-un mod constructiv. Dezvoltarea inteligenței emoționale poate ajuta la îmbunătățirea relațiilor interpersonale, la luarea deciziilor mai bune și la gestionarea eficientă a situațiilor de conflict sau stres. Acestea sunt doar câteva exemple ale modurilor în care putem lucra cu emoțiile pentru a ne îmbunătăți calitatea vieții. Este important să avem în vedere că emoțiile fac parte integrantă din experiența umană și că nu există emoții „bune" sau „rele", ci doar moduri diferite de a le gestiona și de a le utiliza în avantajul nostru.

Pentru mulți oameni, lucrul cu emoțiile poate fi un proces dificil și complicat, deoarece acestea pot fi adesea confuze sau copleșitoare. Cu toate acestea, dezvoltarea abilităților de a lucra cu emoțiile poate aduce multiple beneficii, inclusiv creșterea stimei de sine, îmbunătățirea relațiilor interpersonale și reducerea stresului și anxietății.

Lucrul cu emoțiile este esențial pentru a ne bucura de o viață echilibrată și împlinită. Prin înțelegerea și gestionarea emoțiilor noastre, putem deveni mai conștienți de sine, mai empatici față de ceilalți și mai capabili să facem față provocărilor și dificultăților vieții. Este important să căutăm modalități de a ne îmbunătăți abilitățile emoționale și de a le utiliza în avantajul nostru, pentru a ne bucura de o viață mai fericită și mai împlinită. Traumele din copilărie pot avea un impact profund asupra dezvoltării emoționale a individului și pot afecta relațiile, comportamentele și sănătatea mentală pe termen lung. Emoțiile legate de traumele din copilărie pot fi variate și pot include tristețe, furie, frică, vinovăție, rușine și multe altele.

Vom explora aceste emoții în detaliu și vom analiza modul în care traumele din copilărie pot influența starea emoțională a unei persoane în timp.

- Tristețea este una dintre emoțiile cele mai comune asociate cu traumele din copilărie. Copiii care au suferit traume pot simți o durere profundă și o tristețe continuă ca urmare a evenimentelor negative trăite în trecut. Ei pot resimți un sentiment de pierdere, de lipsă de siguranță și de bucurie, ceea ce îi poate afecta în mod semnificativ relațiile și starea de bine emoțională.

- Furia este, de asemenea, o emoție comună asociată cu traumele din copilărie. Copiii care au fost expuși la traume pot simți o mare furie față de persoanele care le-au făcut rău sau de circumstanțele care au condus la evenimentele traumatice. Această furie poate fi intensă și poate fi dificil de controlat, afectând capacitatea persoanei de a gestiona relațiile și situațiile într-un mod sănătos.

- Frica este o altă emoție puternică asociată cu traumele din copilărie. Copiii care au suferit traume pot dezvolta o anumită teamă și anxietate în legătură cu evenimentele traumatice sau cu situațiile care le amintesc de acele evenimente.

Această frică poate fi copleșitoare și poate afecta negativ calitatea vieții copilului, generând probleme în ceea ce privește somnul, socializarea sau starea de sănătate emoțională.

- Vinovăția este o altă emoție comună întâlnită la copiii care au suferit traume în copilărie. Copiii pot simți o vinovăție intensă în legătură cu evenimentele traumatice și pot începe să se acuze pe ei înșiși pentru circumstanțele negative în care s-au regăsit. Această vinovăție poate fi distructivă și poate afecta capacitatea copilului de a se dezvolta într-un mod sănătos și echilibrat.

- Rușinea este, de asemenea, o emoție frecvent întâlnită la copiii care au suferit traume în copilărie. Copiii pot simți o rușine profundă și un sentiment de defect în ceea ce îi privește, ceea ce îi poate împiedica să-și exprime nevoile și să-și manifeste emoțiile în mod liber. Această rușine poate afecta în mod semnificativ capacitatea copilului de a dezvolta relații sănătoase și de a-și construi încrederea în sine.Traumele din copilărie pot avea un impact profund asupra dezvoltării emoționale a individului și pot contribui la apariția unor tulburări emoționale și comportamentale pe termen lung.

Este important să recunoaștem și să explorăm aceste emoții asociate cu traumele din copilărie pentru a putea să îi oferim sprijinul și susținerea de care au nevoie pentru a-și vindeca rănile emoționale și a-și recăpăta starea de bine emoțională.

În concluzie, emoțiile legate de traumele din copilărie pot fi variate și complexe și pot afecta în mod semnificativ starea de bine emoțională a individului. Recunoașterea și conștientizarea acestor emoții sunt esențiale pentru a putea să oferim sprijin și îngrijire celor care au suferit traume în copilărie și pentru a-i ajuta să-și vindece rănile emoționale și să-și croiască drumul către o viață sănătoasă și echilibrată.

Emoțiile sunt o parte naturală a vieții noastre și ne influențează în mod semnificativ starea de bine și comportamentul. În mod normal, emoțiile sunt reacții instantanee la diverse stimuli și pot varia de la bucurie și entuziasm la tristețe și furie.

Cum reacționăm la aceste emoții și cum le gestionăm poate avea un impact semnificativ asupra sănătății noastre mentale și emoționale.

Învățarea să îți recunoști emoțiile este primul pas în gestionarea lor într-un mod sănătos. Mulți oameni tind să-și neglijeze sau să suprime emoțiile negative, crezând că acestea sunt neimportante sau inconfortabile. Cu toate acestea, suprimarea emoțiilor poate duce la acumularea de tensiuni emoționale și poate contribui la apariția unor probleme psihologice, precum anxietatea sau depresia.

Prin urmare, este important să cultivăm inteligența emoțională, care ne permite să recunoaștem și să gestionăm corect propriile emoții. Aceasta implică conștientizarea și acceptarea emoțiilor noastre, învățarea să le identificăm corect și să le exprimăm într-un mod sănătos. De asemenea, înseamnă să fim capabili să ne reglăm reacțiile emoționale și să ne adaptăm comportamentul în funcție de context.

Una dintre cele mai importante abilități în gestionarea emoțiilor este capacitatea de a distinge între emoțiile noi și emoțiile trăite în trecut sau emoțiile proiectate. De multe ori, reacțiile noastre emoționale sunt influențate de experiențe anterioare sau de gândurile iraționale care ne fac să interpretăm greșit situațiile.

Prin urmare, este esențial să fim atenți la aceste trăiri și să învățăm să le gestionăm în mod adecvat.

De asemenea, este important să conștientizăm că emoțiile noastre sunt o reacție naturală și nu trebuie să ne fie frică să le exprimăm sau să le împărtășim cu ceilalți. Comunicarea deschisă și sinceră despre emoțiile noastre poate ajuta la stabilirea unor relații mai sănătoase și la creșterea nivelului de înțelegere și empatie între oameni.

Un alt aspect important al gestionării emoțiilor este capacitatea de a gestiona stresul și anxietatea. Stresul cronic poate avea un impact negativ asupra sănătății noastre fizice și emoționale, conducând la o serie de probleme de sănătate, precum bolile cardiace sau problemele digestive. Prin urmare, este esențial să învățăm tehnici eficiente de reducere a stresului, precum meditația, respirația profundă sau exercițiile de relaxare.

De asemenea, este important să fim conștienți de factorii care ne pot afecta emoțiile și să încercăm să ne protejăm de aceștia.

De exemplu, relațiile toxice, mediul de lucru stresant sau obiceiurile nesănătoase pot contribui la apariția unor emoții negative și pot afecta în mod direct starea noastră de bine.

Prin urmare, este important să ne asigurăm că suntem înconjurati de oameni pozitivi și de medii de lucru sănătoase care să ne sprijine în gestionarea emoțiilor noastre.

Un alt aspect important al gestionării emoțiilor este învățarea să identificăm și să schimbăm modelele de gândire negative sau iraționale. Gândirea negativă poate amplifica emoțiile negative și poate duce la apariția unor probleme psihologice, precum depresia sau anxietatea. Prin urmare, este esențial să fim atenți la aceste modele de gândire și să încercăm să le înlocuim cu gânduri constructive și realiste.

Gestionarea emoțiilor este o abilitate vitală care ne ajută să ne îmbunătățim calitatea vieții, să ne menținem sănătoși și să avem relații mai armonioase cu cei din jurul nostru.

Prin cultivarea inteligenței emoționale și a conștientizării emoțiilor noastre, putem învăța să ne recunoaștem, să le gestionăm și să le exprimăm într-un mod sănătos și constructiv.

"Emoțiile nu pot fi controlate,
dar putem învăța să le
gestionăm și să le folosim în
avantajul nostru."
-Aristotel

CAPITOLUL 5

Împuternicirea și recuperarea sinelui.

- *Identificarea valorilor și scopurilor. personale pentru a-ți ghida recuperarea.*
- *Învățarea să te asculți și să îți asculți nevoile pentru a-ți construi un viitor mai luminos.*

Împuternicirea și recuperarea sinelui sunt două concepte fundamentale în procesul de dezvoltare personală și de autocunoaștere. Ele se referă la capacitatea individului de a-și regăsi puterea interioară și controlul asupra propriei vieți, în ciuda obstacolelor și provocărilor întâlnite pe parcursul său. În acest articol, vom explora în profunzime aceste două aspecte esențiale și vom dezvălui modalități eficiente prin care fiecare persoană poate să-și îmbunătățească starea de bine și să-și atingă potențialul maxim. Imputernicirea este procesul prin care o persoană își descoperă și își valorifică resursele interioare pentru a-și atinge obiectivele, a-și realiza visele și a-și îmbunătăți calitatea vieții. A fi imputernicit înseamnă a avea încredere în propriile abilități, a lua decizii informate și a acționa în conformitate cu valorile și convingerile personale.

Împuternicirea este o stare mentală și emoțională în care individul se simte puternic, încrezător și capabil să facă față provocărilor cu succes.

Recuperarea sinelui este un proces complex și gradual prin care persoana își redescoperă și își reconstruiește identitatea și autenticitatea, după ce a fost afectată de traume, pierderi sau adversități. A recupera sinele înseamnă a-ți accesa și a-ți accepta întregul spectru al emoțiilor și experiențelor tale, a renunța la judecăți și limitări autoimpuse și a îmbrățișa propria autenticitate fără frică sau rețineri.

Procesul de imputernicire și recuperare a sinelui poate fi provocator și uneori dureros, însă beneficiile și satisfacțiile pe termen lung depășesc cu mult dificultățile întâmpinate pe parcurs. Aceste două procese sunt strâns legate și complementare, având un impact profund asupra stării noastre de bine și a calității vieții noastre în ansamblu.

Există numeroase modalități prin care putem să ne imputernicim și să ne recuperăm sinelui, iar fiecare persoană are propriul său drum unic și individual în această călătorie interioară.

În continuare, vom explora câteva strategii și tehnici eficiente pentru a ne spori imputernicirea și a ne recupera sinelui în mod sănătos și constructiv.

- Auto-reflecție și auto-cunoaștere.

Un prim pas în procesul de imputernicire și recuperare a sinelui este să ne cunoaștem mai bine pe noi înșine, să identificăm valorile noastre, dorințele noastre și temerile noastre profunde. Prin auto-reflecție și meditație, putem să explorăm straturile noastre interioare și să începem să ne conectăm cu adevărat cu cine suntem cu adevărat.

- Acceptarea și iertarea.

O parte importantă a procesului de recuperare a sinelui este să ne acceptăm pe noi înșine așa cum suntem, cu toate imperfecțiunile și greșelile noastre. De asemenea, iertarea este un proces benefic prin care putem să eliberăm resentimentele și amărăciunea legate de trecut și să ne permitem să mergem înainte fără povara vinovăției.

- Autocompasiune și iubire de sine.

A fi blând și milos cu noi înșine este crucial în procesul de recuperare a sinelui. Prin cultivarea autocompasiunii și iubirii de sine, putem să ne construim un mediu intern pozitiv și să ne susținem sănătos în momentele dificile și stresante.

• Stabilirea unor obiective și priorități. Pentru a ne imputernici și a ne recupera sinelui, este important să stabilim obiective clare și realiste pentru viitorul nostru și să creăm un plan de acțiune concret pentru a le atinge. Prioritizarea nevoilor noastre și concentrarea asupra a ceea ce este cu adevărat important pentru noi ne poate ajuta să ne menținem motivați și dedicați în procesul nostru de creștere personală.

• Relaționare și comunicare autentică. Construirea relațiilor sănătoase și autentice cu ceilalți este esențială pentru imputernicirea și recuperarea sinelui. Prin comunicarea deschisă și sinceră, putem să ne exprimăm nevoile, dorințele și limitele noastre într-un mod clar și empatic, ceea ce ne poate ajuta să ne simțim mai înțeleși și susținuți în relațiile noastre interpersonale.

• Îngrijirea de sine și practicarea auto-îngrijirii.

În procesul de imputernicire și recuperare a sinelui, este important să acordăm timp și atenție îngrijirii noastre fizice, mentale și emoționale. Prin practicarea auto-îngrijirii, cum ar fi meditația, exercițiile fizice regulate, alimentația sănătoasă și odihna adecvată, putem să ne întreținem echilibrul și să ne menținem starea de bine în mod durabil.

- Explorarea și dezvoltarea pasiunilor și intereselor personale.

Descoperirea și îmbunătățirea pasiunilor și intereselor noastre personale poate fi o modalitate eficientă de a ne imputernici și a ne recupera sinelui. Prin explorarea unor activități creative sau recreative care ne aduc bucurie și împlinire, putem să ne conectăm cu partea noastră autentică și să ne încurajăm să ne exprimăm adevărata esență.

- Terapie și consiliere.

Pentru unii oameni, terapia sau consilierea pot fi instrumente valoroase în procesul de imputernicire și recuperare a sinelui. Prin lucrul cu un profesionist specializat, putem să explorăm traumele, blocajele și dificultățile noastre interioare într-un mediu sigur și suportiv, ceea ce ne poate ajuta să ne vindecăm și să ne eliberăm de constrângerile trecutului.

Împuternicirea și recuperarea sinelui sunt procese esențiale în dezvoltarea personală și în îmbunătățirea calității vieții noastre.

Prin explorarea și aplicarea unor strategii și tehnici eficiente, putem să ne redescoperim puterea interioară și autenticitatea noastră, să ne recâștigăm controlul asupra propriei vieți și să ne construim un mediu intern pozitiv și susținător. Fiecare persoană are propriul său drum unic și individual în această călătorie interioară, iar prin angajament, dedicație și perseverență, putem să ne atingem potențialul maxim și să ne trăim viața într-un mod autentic și autentic. Valorile și scopurile personale joacă un rol extrem de important în procesul de recuperare și vindecare a unei persoane. Acestea reprezintă pilonii pe care ne putem sprijini în momentele dificile, ne ajută să ne motivăm și să ne orientăm către ceea ce este cu adevărat important pentru noi. Prin identificarea și înțelegerea acestor valori și scopuri, putem să ne ghidăm recuperarea într-o direcție pozitivă și să ne concentrăm eforturile către lucrurile care ne pot ajuta să ne reconstruim viața.

Un prim pas în identificarea valorilor și scopurilor personale este să ne întrebăm care sunt lucrurile cu adevărat importante pentru noi, ce ne motivează și ce ne face să simțim că viața are un sens.

Acestea pot fi valori precum iubirea, respectul, integritatea, încrederea în sine, sau scopuri precum creșterea personală, relațiile sănătoase, succesul profesional, sau contribuția la comunitate. Este important să ne acordăm timp să reflectăm asupra acestor aspecte și să identificăm cele mai importante valori și scopuri pentru noi.

Odată ce am identificat aceste valori și scopuri, putem să ne folosim de ele ca un ghid în procesul de recuperare. Ele ne pot ajuta să ne stabilim obiective clare și realizabile, să ne motivăm în momentele dificile și să ne amintim de ceea ce este cu adevărat important pentru noi.

De exemplu, dacă una din valorile tale este să fii un bun prieten, poți să îți fixezi obiective legate de menținerea relațiilor sau de îmbunătățirea comunicării cu cei dragi. Dacă unul din scopurile tale este să ai o viață sănătoasă, poți să îți stabilești obiective legate de adoptarea unui stil de viață sănătos, de alimentație sau de exerciții fizice.Valorile și scopurile personale ne pot ajuta să ne prioritizăm timpul și energia în mod eficient. Astfel, putem să ne concentrăm pe acțiunile și activitățile care sunt în concordanță cu aceste valori și scopuri, și să renunțăm la cele care ne îndepărtează de la acest drum.

De exemplu, dacă unul din scopurile tale este să ai succes în carieră, poți să îți stabilești priorități legate de formare profesională sau de dezvoltare a abilităților relevante pentru cariera ta.

În plus, valorile și scopurile personale ne pot oferi un sens mai profund și mai înțelept asupra propriei vieți. Ele ne pot ajuta să ne cunoaștem mai bine, să ne acceptăm așa cum suntem și să ne construim o viață autentică și împlinitoare. Este important să ne permitem să trăim în conformitate cu aceste valori și scopuri, să ne acordăm permisiunea de a fi noi înșine și de a căuta fericirea și împlinirea personală.

Identificarea și înțelegerea valorilor și scopurilor personale poate fi un pas important în procesul de recuperare și vindecare a unei persoane. Acestea reprezintă îndrumătorii care ne pot ghida către o viață mai autentică, mai înțeleaptă și mai împlinitoare. Prin a ne conecta cu aceste valori și scopuri și prin a le integra în viața noastră de zi cu zi, putem să ne reconstruim viața într-un mod pozitiv și să ne atingem potențialul maxim.

Învățarea să te asculți și să îți asculți nevoile este un proces crucial în construirea unui viitor mai luminos și mai echilibrat. Atunci când suntem conectați la propriile noastre emoții, gânduri și sentimente, putem lua decizii înțelepte și sănătoase pentru noi înșine. Este important să ne cunoaștem pe noi înșine și să înțelegem ce anume avem nevoie pentru a ne simți bine și împliniți. Ascularea de sine presupune să fim atenți la propriile noastre dorințe, sănătate mentală și emoțională, și să acordăm atenție semnalelor pe care corpul și mintea noastră ni le trimit. O parte esențială a acestui proces este să fim sinceri cu noi înșine și să recunoaștem nevoile noastre reale, înainte de a putea să le îndeplinim sau să le rezolvăm.

Să îți asculți nevoile înseamnă să fii conștient de momentele în care ai nevoie de odihnă, de timp pentru tine, de susținere emoțională sau de îngrijire fizică.

De asemenea, înseamnă să îți asculti intuiția și să nu neglijezi semnalele pe care corpul și mintea ți le trimit în anumite situații sau relații.

De exemplu, atunci când simți că ești epuizat fizic sau emotional, sau că o anumită situație sau relație îți dă semnale de alarmă, este important să îți acorzi timp și spațiu să reflectezi asupra acestor aspecte și să îți asculți intuiția în legătură cu ce este mai bine pentru tine în acel moment. Poate fi vorba despre necesitatea de a lua o pauză, de a stabili limite clare sau de a cere ajutor. Învățarea să te asculți este un proces continuu și nu întotdeauna ușor, dar este esențial pentru a-ți construi o viață mai fericită și mai împlinită. Atunci când suntem conectați la propriile noastre nevoi și le respectăm, avem șansa de a ne dezvolta armonios și de a crea un echilibru între trup, minte și suflet.

Un alt aspect important al asculatului de sine este capacitatea de a-ți asculta și onora propriile tale vise și aspirații. Este important să îți acorzi timp și spațiu pentru a reflecta asupra a ceea ce îți dorești cu adevărat în viață și care sunt valorile și pasiunile care te definesc ca persoană. Atunci când îți asculți cu atenție propriile tale dorințe și viziuni de viitor, ai șansa de a-ți construi o viață care să îți aducă împlinire și satisfacție.

De exemplu, dacă îți dorești să îți schimbi cariera sau să începi un proiect personal important, este esențial să îți acorzi timp să reflectezi la aceste dorințe și să îți asculți intuiția în legătură cu ce pași trebuie să faci pentru a-ți atinge obiectivele. Poate fi nevoie să ai curajul de a ieși din zona ta de confort sau de a cere ajutor și susținere din partea celor dragi pentru a îți urma visurile.

În plus, ascularea de sine poate să fie utilă și în gestionarea relațiilor interpersonale și a conflictelor. Atunci când suntem conectați la propriile noastre emoții și nevoi, putem să comunicăm mai eficient și să ne exprimăm mai clar și autentic în relațiile noastre cu ceilalți.

De exemplu, atunci când ceva te deranjează într-o relație sau într-o interacțiune, este important să îți asculți propriile tale sentimente și să îți exprimi cu respect și înțelegere ceea ce simți.

În concluzie, învățarea să te asculți și să îți asculți nevoile este un proces esențial în construirea unui viitor mai luminos și mai echilibrat. Atunci când suntem conectați la propria noastră esență și ne respectăm și onorăm nevoile, avem șansa de a ne dezvolta armonios și de a trăi o viață autentică și împlinită.

Este important să acorzi atenție propriei tale intuiții și să îți accepți și să îți valorizezi visele și aspirațiile, pentru a trăi o viață autentică și plină de sens.

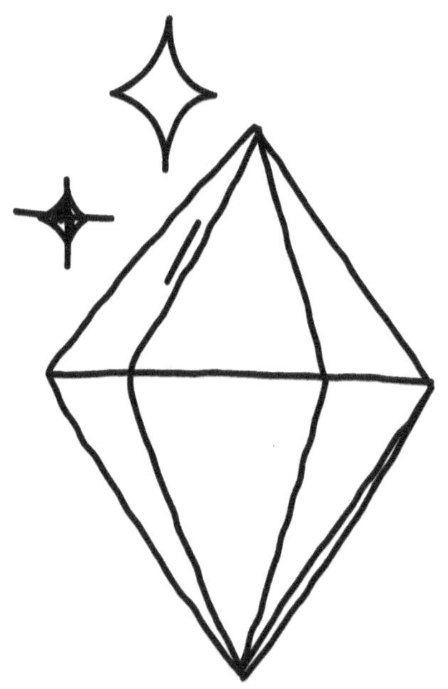

"Nu este suficient să ne înzestrăm cu puterea de a face lucruri, trebuie să avem și curajul de a ne recupera și de a ne identifica cu propriul nostru sine adevărat."
Eckhart Tolle

CAPITOLUL 6

- *Identificarea și eliminarea factorilor toxici sau dăunători din viața ta.*
- *Întărirea relațiilor pozitive și iubitoare pentru a-ți consolida recuperarea și construirea unui viitor mai luminos.*

În viața noastră cotidiană, ne confruntăm adesea cu diferiți factori toxici sau dăunători care ne pot afecta atât sănătatea fizică, cât și pe cea mentală. Acești factori pot proveni din mediu, relații interpersonale sau chiar din obiceiuri și practici pe care le avem. Identificarea și eliminarea acestor factori este esențială pentru a ne asigura că suntem sănătoși și fericiți.

Unul dintre cei mai importanți factori toxici din viața noastră este mediul în care trăim. Poluarea aerului, apa contaminată sau pesticidele din alimente pot avea un impact negativ asupra sănătății noastre. Identificarea acestor elemente toxice și luarea măsurilor necesare pentru a le elimina este crucială pentru a ne proteja sănătatea. De exemplu, folosirea unui filtru de apă pentru a elimina substanțele chimice nocive sau alegerea produselor organice pentru a evita pesticidele pot fi pași importanți în eliminarea factorilor toxici din mediu.

Un alt factor toxic important care poate afecta sănătatea noastră este alimentația nesănătoasă. Consumul excesiv de zahăr, grăsimi saturate sau alimente procesate poate duce la apariția unor probleme de sănătate precum obezitatea, diabetul sau bolile de inimă. Identificarea alimentelor toxice din dieta noastră și înlocuirea acestora cu opțiuni sănătoase precum fructe și legume proaspete, proteine slabe și carbohidrați complecși este esențială pentru a ne menține sănătatea.

Pe lângă factorii toxici din mediu și alimentație, relațiile interpersonale pot fi, de asemenea, dăunătoare pentru sănătatea noastră. Relațiile toxice sau abuzive pot avea un impact negativ asupra stării noastre de bine și pot duce la probleme de sănătate mentala precum depresia sau anxietatea. Identificarea acestor relații dăunătoare și luarea măsurilor necesare pentru a le elimina sau pentru a stabili limite clare în relație poate fi crucială pentru a ne proteja sănătatea mentală.

În plus, obiceiurile nesănătoase precum consumul de alcool sau tutun, lipsa de exercițiu fizic sau stresul cronic pot fi și ele factori toxici care ne afectează sănătatea în mod negativ.

Identificarea acestor obiceiuri și luarea măsurilor necesare pentru a le elimina sau pentru a le înlocui cu practici sănătoase precum meditația, yoga sau exerciții fizice regulate poate fi esențială pentru a ne menține sănătatea și fericirea.

Identificarea și eliminarea factorilor toxici sau dăunători din viața noastră este crucială pentru a ne proteja sănătatea și starea de bine. Prin conștientizarea acestor factori și luarea măsurilor necesare pentru a-i elimina, putem contribui la îmbunătățirea calității vieții noastre și la menținerea unei stări de sănătate optime.

Factorii toxici sau dăunători din viața noastră pot proveni din diferite surse - pot fi oameni toxici, gânduri negative, obiceiuri nesănătoase, mediu înconjurător nepotrivit etc. Acești factori pot influența starea noastră emoțională, mentală și fizică, pot afecta relațiile cu cei din jur și, în general, pot crea un mediu nesănătos în jurul nostru. Identificarea și eliminarea acestor factori toxici este esențială pentru a ne putea bucura de o viață echilibrată, fericită și sănătoasă.

Primul pas în identificarea factorilor toxici din viața noastră este conștientizarea acestora. Trebuie să fim sinceri cu noi înșine și să ne uităm în profunzime la ceea ce ne afectează negativ - fie că este vorba despre o relație toxică cu o persoană, un loc de muncă stresant, un obicei nesănătos sau chiar propriile noastre gânduri și emoții negative. Identificarea acestor factori este crucială pentru a putea începe procesul de eliminare a acestora.

Un exemplu de factor toxic ar putea fi o relație în care te simți neglijat, manipulat sau rănit constant. Aceasta poate fi o relație de cuplu, o relație de prietenie sau chiar o relație cu un membru al familiei. Dacă simți că această relație îți afectează negativ starea emoțională și mentală, este important să îți recunoști sentimentele și să îți recunoști că această relație este toxică pentru tine. Fiind conștient de acest lucru, poți lua măsuri pentru a pune capăt acestei relații sau pentru a stabili limite sănătoase în aceasta.

Un alt exemplu de factor toxic ar putea fi un mediu de lucru stresant și nesănătos. Dacă simți că job-ul tău îți afectează negativ starea de bine, că te simți mereu epuizat, stresat și nemulțumit, este posibil să fie cazul să îți

reevaluezi situația și să îți găsești o soluție -
fie că este vorba despre a-ți căuta un alt loc
de muncă, despre a discuta cu șeful tău
despre nevoia de a-ți schimba
responsabilitățile sau despre a-ți implementa
tehnici de gestionare a stresului.
Un alt factor toxic foarte des întâlnit în viețile
noastre sunt obiceiurile nesănătoase. Poate
că ai obiceiul de a fuma, de a consuma alcool
în exces, de a mânca nesănătos sau de a
petrece prea mult timp în fața ecranelor.
Toate aceste obiceiuri pot avea un impact
negativ asupra sănătății tale fizice și mentale
și este important să îți dai seama de efectele
negative pe care acestea le au asupra ta.
Identificarea acestor obiceiuri și luarea
măsurilor necesare pentru a le elimina sau
pentru a le reduce poate avea un impact
semnificativ asupra calității vieții tale.
În plus, factorii toxici pot fi și propriile
noastre gânduri și emoții negative. Auto-
sabotajul, lipsa de încredere în sine, frica de
eșec sau de respingere, gândurile catastrofice
sau pesimiste - toate acestea pot fi factori
toxici care ne împiedică să ne atingem
potențialul și să ne bucurăm de o viață
fericită și în armonie. Recunoașterea și
conștientizarea acestor gânduri și emoții

negative este primul pas în eliminarea lor și în dezvoltarea unei atitudini pozitive și sănătoase față de viață.

După ce am identificat factorii toxici din viața noastră, următorul pas este să ne concentrăm pe eliminarea acestora. Acest lucru poate fi un proces dificil și poate necesita efort și determinare, însă este esențial pentru a ne putea elibera de influențele negative și a ne putea construi o viață mai echilibrată și fericită.

În primul rând, este important să îți stabilești prioritățile și să îți clarifici valorile și nevoile tale.

- Ce anume îți aduce fericire și împlinire în viață?

- Ce anume te face să te simți bine și îți alimentează energia pozitivă?

Identificarea acestor aspecte te va ajuta să îți stabilești obiective și direcții în viață și să îți prioritizezi sănătatea și fericirea ta.

Un alt pas important în eliminarea factorilor toxici este să îți setezi limite sănătoase și să te asiguri că îți protejezi propria sănătate și fericire. Acest lucru poate însemna să înțelegi că unele relații sau situații nu îți fac bine și să iei decizia de a pune capăt acestora sau de a stabili limite clare pentru a nu te expune la influențe negative. Este important să îți asculte propriile nevoi și să te asiguri că îți acorzi timp și atenție sănătății tale - atât fizice, cât și mentale.

De asemenea, este important să îți dezvolți resursele interne pentru a face față factorilor toxici și pentru a te reconecta cu energia și voia ta de a trăi o viață autentică și împlinitoare. Acest lucru poate însemna să îți îmbunătățești abilitățile de gestionare a stresului, să îți cultivi relațiile pozitive și să te implici în activități care te fac să te simți bine și îți aduc bucurie și satisfacție.

Un alt aspect important în eliminarea factorilor toxici este să îți asumi responsabilitatea pentru propria ta fericire și să renunți la rolul de victimă. Este ușor să aruncăm vina pe alții sau pe circumstanțe pentru starea noastră de nefericire, însă adevărata putere de a schimba lucrurile stă în mâinile noastre. Prin asumarea responsabilității pentru propria ta fericire și prin luarea acțiunilor necesare pentru a elimina factorii toxici din viața ta, vei putea să îți recâștigi controlul asupra propriei tale vieți și să îți construiești un viitor mai luminos și mai plin de satisfacții.

Eliminarea factorilor toxici din viața ta poate fi un proces complex și care necesită timp și efort, însă este un proces esențial pentru a îți recăpăta echilibrul și fericirea în viață. Prin conștientizarea, identificarea și eliminarea acestor influențe negative, vei putea să îți construiești o viață mai sănătoasă și mai fericită, în care te simți în deplină armonie cu tine însuți și cu lumea din jurul tău.

Relațiile pozitive și iubitoare joacă un rol esențial în recuperarea noastră emoțională și mentală și în construirea unui viitor mai luminos. Odată ce ne confruntăm cu dificultăți sau traume în viață, suportul și iubirea celor din jurul nostru pot fi o sursă de alinare și putere în procesul de vindecare. Întărirea relațiilor pozitive implică aprofundarea conexiunilor cu cei din jurul nostru, comunicarea deschisă și sinceră, împărtășirea emoțiilor și trăirilor noastre, dar și ascultarea activă a celorlalți. Este important să ne exprimăm recunoștința și aprecierea față de cei care ne sunt alături în momentele dificile, să le oferim sprijinul nostru necondiționat și să le arătăm că ne pasă de ei.

Atunci când avem relații sănătoase și pline de înțelegere, ne simțim mai în siguranță și putem să ne descoperim resursele interioare pentru a face față provocărilor. Beneficiile unei rețele de suport solidă includ reducerea stresului și anxietății, creșterea încrederii în sine și crearea unui mediu propice pentru vindecare și creștere personală.

Recuperarea nu este un proces ușor și nici unul care să poată fi parcurs singur. A avea oameni alături de noi care ne susțin ne condițiile cele mai bune șanse de a ne redobândi echilibrul emoțional și de a ne reconstrui viața. În plus, într-o relație sănătoasă și iubitoare, ne simțim iubiți și apreciați pentru cine suntem cu adevărat, iar această iubire ne oferă puterea de a merge mai departe și de a visa la un viitor mai luminos.

Însă întărirea relațiilor pozitive nu se întâmplă peste noapte și necesită angajament și efort continuu din partea noastră. Este important să fim deschiși la schimbare, să lucrăm la comunicarea noastră și să fim empatici cu cei din jurul nostru. Nu există o rețetă magică pentru o relație sănătoasă, dar există câteva principii de bază care pot să ne ghideze în această călătorie:

- Comunicarea deschisă și sinceră.
Exprimarea nevoilor, dorințelor și emoțiilor noastre în mod clar și respectuos este esențială pentru întărirea relațiilor pozitive. Ascultarea atentă și receptivă a celorlalți și oferirea feedback-ului constructiv ne ajută să creăm o legătură mai profundă și mai autentică.

- Înțelegerea și toleranța:
fiecare persoană are propriile sale experiențe, valori și perspective asupra lumii. Este important să fim deschiși și să ne acceptăm diferențele, să ne arătăm empatie și să fim toleranți cu celălalt. Încercarea de a vedea situațiile din perspectiva celuilalt poate să ne ajute să ne înțelegem mai bine reciproc și să ne construim relații mai puternice.

- Recunoștința și aprecierea reciprocă:
exprimarea recunoștinței și aprecierii față de cei dragi pentru sprijinul și iubirea lor ne ajută să ne simțim conectați și valorizați. Micile gesturi de recunoștință, precum un zâmbet sau un mesaj de mulțumire, pot să facă minuni în consolidarea relațiilor noastre.

- Sprijinul reciproc și împărtășirea responsabilităților:
colaborarea și împărțirea responsabilităților în cadrul unei relații ne ajută să ne simțim mai echilibrați și mai uniți.

Oferirea sprijinului și încurajării celorlalți în momentele dificile și împărtășirea bucuriilor și realizărilor noastre îmbunătățește calitatea relației noastre și construiește un sentiment de încredere și siguranță în celălalt.

Întărirea relațiilor pozitive și iubitoare este un proces continuu și dinamic care necesită angajament, răbdare și iubire reciprocă.

Investirea timpului și energiei noastre în construirea și menținerea unor relații sănătoase ne ajută să ne consolidăm recuperarea și să ne construim un viitor mai luminos în care să ne simțim iubiți, sprijiniți și înțeleși.

"Identificarea și eliminarea factorilor toxici din viața ta este un act de auto-îngrijire și auto-respect. Nu lăsa să-ți polueze sufletul ceea ce îți afectează în mod negativ starea de bine și fericirea."

CAPITOLUL 7

Învățarea despre reziliență.

- *Învățarea să te ridici din nou atunci când te simți copleșit sau descurajat de traumele trecutului.*
- *Recunoașterea că ești mai puternic decât crezi și că poți depăși orice obstacol.*

Reziliența este capacitatea unei persoane de a se adapta și de a face față cu succes dificultăților și stresului din viața sa. Este o calitate care poate fi dezvoltată și îmbunătățită prin practică și experiență. Reziliența ne ajută să trecem peste obstacole, să ne recuperăm mai repede după eșecuri și să ne adaptăm la schimbări în viața noastră. Învățarea despre reziliență este un proces continuu de auto-descoperire și de înțelegere a modului în care putem gestiona better situatiile dificile si stresante din viata noastra. Acest proces implică atât aspecte mentale, emoționale, cât și comportamentale și poate fi abordat dintr-o varietate de perspective și discipline, precum psihologia, sociologia, neuroștiințele și managementul resurselor umane.

Există unele aspecte esențiale ale rezilienței care pot fi identificate și dezvoltate pentru a ne ajuta să facem față mai bine provocărilor vieții.

Acestea includ:

1. Capacitatea de a avea o viziune optimistă și de a găsi sens și înțeles în evenimentele dificile sau traumatice. Adoptarea unei atitudini pozitive și a unei perspective orientate spre rezolvare poate ajuta să ne menținem speranța și să depășim obstacolele cu mai multă ușurință.

2. Capacitatea de a gestiona emoțiile și de a rămâne calm în situații de stres. Învățarea tehnicilor de relaxare și de reglare a emoțiilor poate fi de ajutor pentru a ne menține concentrarea și claritatea mentală în momente difcile.

3. Capacitatea de a rezolva probleme și de a găsi soluții creative. Dezvoltarea abilităților de rezolvare a problemelor și de gândire critică poate fi de mare ajutor în gestionarea situațiilor de criză și în identificarea unor strategii eficiente de depășire a obstacolelor.

4. Capacitatea de a construi relații sănătoase și de a cere ajutor atunci când avem nevoie. O rețea de suport solidă și relații pozitive cu cei din jurul nostru poate fi un factor important în dezvoltarea rezilienței și în gestionarea mai eficientă a emoțiilor și a stresului.

5.Capacitatea de a-ți pune nevoile personale în prim-plan și de a avea grijă de tine. Este important să îți acorzi timp și atenție pentru a-ți menține echilibrul emoțional și fizic și pentru a-ți reîncărca bateriile atunci când te simți copleșit.

In învățarea despre reziliență, este important să ne cunoaștem pe noi înșine și să înțelegem ce anume ne ajută să facem față provocărilor și să ne recuperăm după eșecuri. Fiecare persoană are propriile sale resurse și strategii de reziliență, iar identificarea acestora poate fi un pas important în dezvoltarea acestei calități.

Există numeroase modalități de a învăța despre reziliență și de a o dezvolta în mod activ.

Unele dintre acestea pot include:

- Participarea la programe de dezvoltare personală și de training în reziliență, care să ofere informații și strategii practice pentru gestionarea stresului și a provocărilor din viață.
- Citirea cărților și a articolelor despre reziliență și despre modalitățile de a face față eșecurilor și dificultăților.

- Participarea la sesiuni de coaching sau terapie, care să te ajute să-ți explorezi emoțiile și să-ți identifici resursele interne pentru a face față provocărilor.
- Practicarea exercițiilor de relaxare și de meditație, care să te ajute să-ți reduci nivelul de stres și să-ți îmbunătățești capacitatea de a te concentra și de a lua decizii în momente dificile.
- Întâlnirea cu alte persoane care au trecut prin experiențe similare și care pot împărtăși cu tine strategiile lor de reziliență și de recuperare.

Indiferent de modalitatea aleasă, învățarea despre reziliență trebuie să fie un proces activ și continuu, care să te ajute să-ți dezvolți capacitățile și abilitățile de a face față cu succes provocărilor vieții și de a te adapta la schimbările și eșecurile inevitabile.

Învățarea despre reziliență este un proces esențial pentru a ne ajuta să ne adaptăm la provocările și obstacolele vieții și pentru a ne recupera mai repede și mai eficient după eșecuri și dificultăți. Dezvoltarea acestei calități poate fi benefică pentru sănătatea noastră mentală și emoțională și ne poate ajuta să trăim o viață mai echilibrată și mai fericită.

Trauma este o experiență dureroasă care poate afecta foarte mult viața unei persoane. Aceasta poate apărea în urma unor evenimente neașteptate și neprevăzute, cum ar fi pierderea unui iubit sau a unui membru al familiei, trădarea unui prieten sau persoane dragi, abuzul fizic sau emoțional, o boală gravă sau un accident. Aceste evenimente pot lăsa o amprentă puternică asupra psihicului și emoțiilor unei persoane, conducând la traume emoționale și psihologice.

Traumele trecutului pot fi extrem de dificil de depășit și pot afecta negativ relațiile, starea de sănătate mentală și emoțională, precum și succesul și fericirea unei persoane. Uneori, traumele trecutului pot fi atât de puternice încât este greu să le depășim și să ne revenim, astfel încât să ne putem bucura de viață în prezent. Cu toate acestea, este important să învățăm să ne ridicăm din nou atunci când ne simțim copleșiți sau descurajați de traumele din trecut.Un prim pas important în depășirea traumelor trecutului este să înțelegem și să conștientizăm impactul pe care acestea l-au avut asupra noastră. Trebuie să analizăm și să recunoaștem sentimentele noastre legate de traumele trecutului și să învățăm să le acceptăm.

Este normal să simțim furie, tristețe, vinovăție sau alte emoții puternice în urma unui eveniment traumatic, însă este important să nu rămânem blocați în aceste sentimente negative și să încercăm să le gestionăm în mod sănătos.

O altă componentă esențială în procesul de vindecare a traumelor trecutului este să căutăm ajutor și susținere din partea altora. Psihoterapia poate fi un instrument valoros în acest sens, oferindu-ne spațiul și resursele necesare pentru a explora și depăși traumele noastre într-un mediu sigur și de încredere. În plus, terapia poate ajuta la identificarea și schimbarea tiparelor de gândire sau comportamentale negative care pot fi legate de traumele noastre trecute.

În același timp, este important să găsim modalități să ne îngrijim constant de noi înșine și să ne creăm un sistem de suport sănătos. Acest lucru poate include activități precum meditația, yoga, exercițiile fizice, expresia artistică sau alte activități care ne ajută să ne relaxăm și să ne conectăm cu noi înșine. Este important să ne acordăm timp pentru reflecție și autocunoaștere, pentru a ne cunoaște mai bine și pentru a ne descoperi temerile, blocajele și resursele interioare.

În plus, este important să ne dorim să trecem peste traumele trecutului și să ne dedăm complet procesului de vindecare. Acest lucru poate implica acceptarea și iertarea celor care ne-au rănit sau au contribuit la traumele noastre, inclusiv iertarea de sine pentru greșelile sau neajunsurile noastre. Este important să învățăm să ne acceptăm pe noi înșine cu toate calitățile și defectele noastre, să ne eliberăm de judecăți și critică internă și să ne îngăduim să ne vindecăm și să ne eliberăm de trecut.

Învățarea să te ridici din nou atunci când te simți copleșit sau descurajat de traumele trecutului este un proces care necesită timp, răbdare și angajament. Este important să îți accepți traumele și emoțiile legate de ele, să cauți ajutor și suport din partea altora, să îngrijești de tine și să te dedici procesului de vindecare. Cu timpul și efort, poți învăța să treci peste traumele trecute și să îți recâștigi puterea și fericirea în prezent.

Recunoașterea faptului că ești mai puternic decât crezi este unul dintre cele mai importante lucruri pe care le poți realiza în viață. Mulți oameni au tendința de a subestima propriile puteri și de a-și limita potențialul din cauza fricilor, îndoielilor și complexelor.

Fiecare pas mic pe care îl faci în direcția dorită este un pas înainte pe drumul tău către succes și împlinire. Nu te descuraja în fața eșecurilor sau a greutăților, ci folosește-le ca pe oportunități de a te întări și de a învăța din ele.

Este important să îți cultivi o atitudine de recunoștință și mulțumire în fața vieții și a resurselor pe care le ai la dispoziție. În loc să te concentrezi pe lipsuri și neajunsuri, fii recunoscător pentru tot ceea ce ai și pentru tot ceea ce poți realiza. Recunoașterea propriei puteri interioare nu vine din exterior, ci din interior - din capacitatea ta de a aprecia și de a valora resursele și talentul pe care le ai.

Recunoașterea că ești mai puternic decât crezi și că poți depăși orice obstacol este cheia către o viață împlinită și fericită. Să îți descoperi și să îți valorifici propria putere interioară înseamnă să fii conștient de propria valoare și de potențialul neprețuit pe care îl ai. Nu uita că ești unica și specială în felul tău și că meriți să trăiești o viață plină de succes, fericire și realizare. Să îți recunoști propriile puteri și să le folosești în mod constructiv înseamnă să fii stăpân pe propria viață și să îți creezi propriul destin.

"Reziliența nu este doar capacitatea de a suporta dificultățile, ci și de a le transforma în învățări și oportunități de creștere și evoluție."

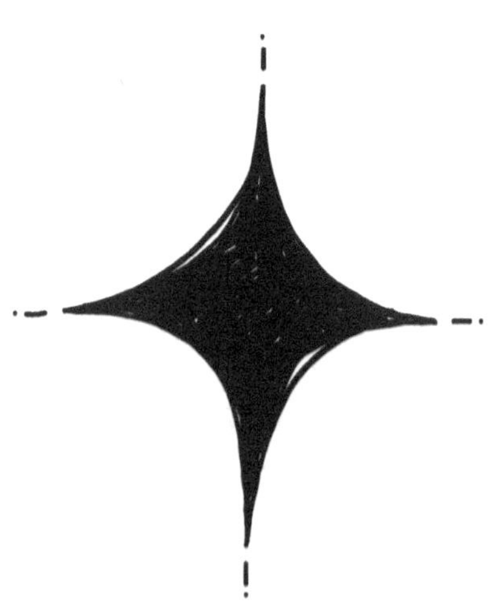

CAPITOLUL 8

Integrarea traumelor în povestea ta.

- *Acceptarea că traumele din copilărie nu pot fi șterse, dar că ele pot deveni o parte integrantă a povestei tale personale.*
- *Înțelegerea că traumele tale te-au format și că poți alege să le folosești pentru a crește și a evolua ca persoană.*

Trauma este un element complex, care poate avea un impact profund asupra indivizilor și a modului în care își trăiesc viețile. Este o experiență care poate fi dificil de procesat și care poate învălui o persoană în senzații dureroase și dezechilibrante. Integrarea traumelor în povestea persoanelor este un proces esențial pentru vindecare și pentru a putea să-și reconstruiască viața în mod sănătos și echilibrat.

Pentru a explora această temă complexă, vom urmări povestea lui Alex, un tânăr de 30 de ani care a trecut printr-o serie de traume majore în copilărie și adolescență. Vom explora modul în care aceste traume au influențat viața lui Alex și cum a reușit să le integreze în propria sa poveste, pentru a se vindeca și a-și găsi pacea interioară.

Alex a crescut într-o familie cu probleme, unde violența și abuzul erau la ordinea zilei. Tatăl lui era un alcoolic agresiv, care își manifesta furia prin bătaie, iar mama lui era pasivă și neputincioasă în fața situației. Alex a fost martor la numeroase scene de violență și a fost, el însuși, victima abuzului fizic și emoțional. Aceste experiențe traumatice i-au marcat copilăria și adolescența, lăsându-l cu răni adânci și dureroase.La vârsta de 18 ani, Alex a părăsit casa părintească și a încercat să-și construiască o viață nouă în afara mediului toxic în care cresuse. Cu toate acestea, traumele trecutului nu l-au părăsit, ci l-au urmărit în fiecare aspect al vieții sale. Alex a dezvoltat anxietate și depresie, și a avut relații interpersonale dificile din cauza fricii și nesiguranței pe care le purta în el. A încercat să se ascundă de durerea interioară prin consumul de alcool și substanțe toxice, dar aceasta nu i-a adus alinare, ci doar aprofundarea suferinței sale.

Alex a ajuns într-un punct de cotitură în viața sa când a realizat că nu poate scăpa de traumele trecutului, ci trebuie să le confrunte și să le integreze în povestea sa. A decis să înceapă terapia psihologică pentru a-și explora și înțelege traumele, pentru a-și vindeca rănile și pentru a-și reconstrui viața într-un mod sănătos și echilibrat.

Terapia a fost un proces dificil și dureros pentru Alex, dar a fost și esențial pentru vindecarea sa. A lucrat împreună cu un terapeut specializat în traume pentru a explora amintirile dureroase din copilărie și adolescență, pentru a identifica și a înțelege emoțiile și credințele limitative pe care le purta în el, și pentru a învăța tehnici și strategii de gestionare a stresului și anxietății.

Au fost momente în care Alex a fost copleșit de durere și deznădejde, când a simțit că nu poate face față greutăților sale interioare. Dar terapeutul său l-a încurajat și l-a sprijinit să-și continue munca de vindecare, să-și dea voie să simtă și să exprime emoțiile sale, și să-și reconstruiască încrederea în sine și în ceilalți.Pe măsură ce terapia a progresat, Alex a început să își înțeleagă mai bine traumele și să-și identifice resursele interioare pentru a le depăși. A învățat să-și exprime emoțiile într-un mod sănătos și constructiv, să-și dezvolte abilitățile de comunicare și să-și stabilească limite sănătoase în relațiile sale interpersonale.

Un alt aspect important al procesului de vindecare a fost iertarea. Alex a învățat să-și ierte părinții pentru abuzul și neglijarea la care l-au supus, să-și ierte pe sine pentru greșelile și eșecurile sale din trecut, și să-și ofere șansa unei vieți noi și mai bune. Iertarea a fost un act de curaj și de eliberare pentru Alex, care i-a permis să își elibereze resentimentele și să-și reconstruiască relațiile cu ceilalți dintr-un loc de compasiune și înțelegere.

Pe măsură ce traumele au fost integrate în povestea sa, Alex a început să simtă o transformare profundă în interiorul său. S-a eliberat de povara trecutului și a descoperit o nouă perspectivă asupra vieții, mai echilibrată și mai optimistă. A început să se simtă mai puternic și mai încrezător în propria sa valoare, să-și cultive pasiunile și interesele personale și să-și construiască o rețea de sprijin și susținere din partea celor dragi.

Astăzi, Alex este o persoană schimbată. A reușit să-și depășească traumele și să-și integreze experiențele trecute în povestea sa, fără a fi definit de ele. A învățat să-și trăiască viața în prezent, cu recunoștință și încredere în sine, și să-și urmeze visurile și aspirațiile cu pasiune și determinare.

Procesul de integrare a traumelor în povestea unei persoane este esențial pentru vindecare și pentru construirea unei vieți sănătoase și echilibrate. Este un proces lung și dificil, dar care poate aduce transformări profunde și durabile în viața individului. Prin explorarea și înțelegerea traumelor, exprimarea și eliberarea emoțiilor dureroase, iertarea și reconstruirea relațiilor interpersonale și cultivarea resurselor interioare, o persoană poate să-și depășească rănile și să-și găsească pacea interioară.

Povestea lui Alex este doar un exemplu al modului în care traumele pot influența viața unei persoane și modul în care aceasta poate să-și refacă viața prin integrarea lor în propria sa poveste. Fiecare persoană are propria sa poveste și propriile sale traume, iar drumul către vindecare este unic și personal pentru fiecare individ. Este important să ne sprijinim și să ne încurajăm unii pe alții în acest proces dificil, pentru a ne putea reconstrui viața într-un mod sănătos și echilibrat.

Există un adevăr universal că traumele din copilărie au un impact profund asupra dezvoltării individuale și asupra modului în care ne raportăm la noi înșine și la ceilalți. Ele pot lăsa cicatrici adânci și pot influența modul în care ne construim relațiile, cum ne gestionăm emoțiile și cum ne vedem pe noi înșine. Cu toate acestea, este important să înțelegem că aceste traume nu pot fi șterse, ci pot deveni o parte integrantă a poveștii noastre personale. Este nevoie de multă lucru și de conștientizare pentru a face față și a depăși traumele din copilărie, dar este posibil să transformăm aceste experiențe dureroase într-o sursă de înțelepciune și de creștere. Traumele din copilărie pot fi cauzate de diverse circumstanțe, cum ar fi abuzul fizic, emoțional sau sexual, neglijarea, violența domestică sau separarea de părinți. Aceste experiențe traumatice pot avea consecințe pe termen lung asupra sănătății mentale și emoționale a individului și pot influența modul în care acesta se raportează la lume și la sine însuși. Copiii care au trecut prin traume pot dezvolta diverse probleme de sănătate mintală, cum ar fi anxietatea, depresia sau tulburările de alimentație.

De asemenea, aceștia pot avea dificultăți în
stabilirea și menținerea relațiilor sănătoase,
în gestionarea emoțiilor sau în atingerea
potențialului lor.

Cu toate acestea, este important să înțelegem
că traumele din copilărie nu definesc întreaga
noastră persoană și că ele pot fi transformate
într-o sursă de înțelepciune și de creștere.

Este un proces lung și dificil de vindecare și
de depășire a traumelor, dar este posibil să ne
reconstruim relația cu aceste experiențe
dureroase și să ne eliberăm de impactul lor
toxic.

Primul pas în acest proces este
conștientizarea și recunoașterea faptului că
am fost afectați de traumele din copilărie.
Este important să nu negăm sau să
minimizăm experiențele traumătice pe care
le-am trăit, ci să le recunoaștem și să le
acceptăm ca parte integrantă a povestii
noastre personale. Acest lucru poate fi dificil
și dureros, dar este necesar pentru a putea
avansa în procesul de vindecare.

În plus, este important să căutăm ajutor și
suport din partea profesioniștilor în
domeniul sănătății mentale. Terapia și
consilierea pot fi instrumente extrem de utile
în procesul de vindecare a traumelor din
copilărie.

Prin discutarea și explorarea experiențelor traumatice, putem începe să înțelegem modul în care acestea ne-au afectat și cum putem să ne eliberăm de ele.

Un alt aspect important în procesul de vindecare a traumelor din copilărie este practicarea autocompasiunii și a îngrijirii de sine. Este esențial să ne acordăm timp și spațiu pentru a ne vindeca și pentru a ne reconstrui relația cu noi înșine. De multe ori, persoanele care au trecut prin traume se simt rușinate sau vinovate pentru experiențele lor și au tendința de a-și neglija nevoile lor emoționale și fizice. Este important să învățăm să ne acordăm încredere, iubire și îngrijire de sine, pentru a ne întări și a ne vindeca.

Un alt aspect important în procesul de vindecare a traumelor din copilărie este conectarea cu comunitatea și cu resursele de suport. Este important să nu ne simțim singuri în acest proces, ci să ne conectăm cu persoane care ne pot înțelege și ne pot susține. De asemenea, putem găsi sprijin și în diverse organizații sau grupuri de suport care se ocupă de probleme legate de traume și de sănătate mentală.

În procesul de vindecare a traumelor din copilărie, este esențial să ne reconstruim povestea personală și să ne regândim modul în care ne raportăm la trecutul nostru. În loc să ne vedem traumele ca pe ceva care ne defină întreaga viață, putem începe să le vedem ca pe o parte a povestii noastre personale, care ne-a modelat și ne-a împins să creștem și să evoluăm. Prin recunoașterea și acceptarea experiențelor noastre traumatice, putem începe să ne eliberăm de impactul lor toxic și să ne construim o nouă perspectivă asupra vieții și asupra noastră însine.

Este important să înțelegem că traumele din copilărie nu pot fi șterse, dar că ele pot fi transformate într-o sursă de înțelepciune și de creștere personală. Este un proces lung și dificil de vindecare, dar este posibil să ne reconstruim relația cu traumele noastre și să ne transformăm povestea personală în una de putere, reziliență și înțelepciune. Este un drum anevoios, dar cu răbdare, conștientizare și acceptare, putem depăși traumele din copilărie și să ne construim o viață mai sănătoasă și mai fericită.

Traumele sunt întâlnite în viața fiecăruia dintre noi și pot avea un impact profund asupra modului în care ne percepem pe noi înșine, relațiile pe care le avem cu ceilalți și modul în care ne raportăm la lumea din jurul nostru. Traumele pot fi cauzate de diverse evenimente sau experiențe dureroase pe care le-am trăit, cum ar fi abuzul emoțional sau fizic, pierderea unei persoane dragi, divorțul părinților, accidente sau traume din copilărie. Înțelegerea și conștientizarea traumelor din trecutul nostru este un prim pas important în procesul de vindecare și de creștere personală. Este esențial să ne dăm seama că traumele noastre ne-au format într-un fel sau altul și că ele au avut un impact asupra modului în care ne comportăm și reacționăm în diverse situații. De multe ori, traumele din trecut ne pot influența negativ și pot duce la apariția unor comportamente autodistructive sau la formarea unor relații toxice.

Cu toate acestea, este important să realizăm că putem alege să folosim traumele noastre într-un mod constructiv și să le transformăm într-o sursă de creștere și evoluție personală. Acest lucru implică acceptarea și conștientizarea faptului că traumele noastre fac parte din experiența noastră de viață și că ele nu ne definesc în totalitate.

Putem învăța din traumele noastre, putem să le înțelegem mai bine și să le acceptăm ca parte a sinelui nostru.

Unul dintre aspectele importante în gestionarea traumelor este recunoașterea emoțiilor și sentimentelor pe care le trăim în legătură cu acestea. Este normal să simțim durere, tristețe, furie sau alte emoții intense atunci când ne confruntăm cu traumele din trecut. Este important să permitem acestor emoții să fie exprimate și să fie validate, fără a le reprima sau nega. Acceptarea și confruntarea cu emoțiile legate de traume ne pot ajuta să ne eliberăm de ele și să ne vindecăm în profunzime.

Un alt aspect esențial în procesul de vindecare a traumelor este conștientizarea și înțelegerea modului în care acestea ne influențează comportamentul și relațiile noastre. Traumele din trecut pot duce la apariția unor mecanisme de apărare, la formarea unor tipare de comportament nesănătoase sau la adoptarea unor atitudini negative față de sine sau față de ceilalți. Este important să identificăm aceste tipare și să înțelegem cum sunt ele conectate cu traumele noastre din trecut.

O altă etapă importantă în gestionarea traumelor este încercarea de a vorbi despre ele cu persoane de încredere sau cu un terapeut. A vorbi despre traumele noastre și să le împărtășim cu alții poate fi un pas crucial în procesul de vindecare și de eliberare emoțională. Terapia poate fi de un real ajutor în această privință, oferindu-ne un spațiu sigur și susținător în care putem explora traumele noastre, emoțiile asociate și modul în care acestea ne afectează viața de zi cu zi.

În acest proces de vindecare și de creștere personală, este important să ne acordăm timp și spațiu pentru a ne cunoaște mai bine și pentru a ne conecta cu noi înșine într-un mod autentic și profund. Este important să ne oferim iertarea și compasiunea de care avem nevoie pentru a ne vindeca și a ne elibera de traumele din trecut.

Un alt aspect esențial în procesul de gestionare a traumelor este construirea unui suport emoțional solid și sănătos. Este important să avem persoane în viața noastră care ne susțin, ne încurajează și ne oferă sprijin atunci când avem nevoie. Aceste persoane pot fi membri ai familiei, prieteni apropiați sau colegi de încredere.

De asemenea, exercițiile de relaxare, mindfulness sau meditație pot fi de un real ajutor în procesul de vindecare a traumelor. Aceste practici ne pot ajuta să ne conectăm cu corpul nostru, să ne eliberăm de stres și anxietate și să ne echilibrăm emoțiile pentru a putea face față mai bine traumelor din trecut.

Este important să conștientizăm că traumele noastre au avut un impact profund asupra noastră și că ele nu trebuie să ne definească în totalitate. Putem alege să folosim traumele noastre într-un mod constructiv și să le transformăm într-o sursă de creștere și evoluție personală. Prin acceptarea, confruntarea și vindecarea traumelor din trecut, putem să ne eliberăm de ele și să ne eliberăm de povara emoțională pe care o purtăm în noi. Este un proces dificil și solicitant, dar cu răbdare, dedicare și sprijinul celor dragi sau al unui terapeut, putem să ne vindecăm și să ne transformăm în persoane mai puternice și mai înțelepte.

"Traumele noastre nu definesc cine suntem, ci modul în care alegem să ne integrăm și să le depășim devine povestea noastră autentică."

CAPITOLUL 9

Explorează noi modalități de vindecare a traumelor din copilărie.

- *Investigarea diferitelor modalități de vindecare, cum ar fi terapia prin artă, meditația, yoga sau terapia cognitiv-comportamentală.*
- *Recunoașterea că fiecare persoană are propriul său drum de vindecare și că este important să găsești ceea ce funcționează pentru tine în mod individual.*

Traumele din copilărie pot avea un impact de durată asupra sănătății mentale și emoționale a individului, afectându-i capacitatea de a construi relații sănătoase, de a face față provocărilor și de a avea o viață împlinită. Din fericire, există mai multe modalități de vindecare a acestor traume, care pot ajuta persoanele afectate să-și refacă sănătatea mentală și să își redobândească echilibrul emoțional.

- Terapie individuală.

Terapia individuală este una dintre cele mai eficiente modalități de vindecare a traumelor din copilărie. Prin discuții cu un terapeut specializat, persoana afectată poate explora și înțelege mai bine experiențele traumatice din trecut, identificându-le impactul asupra prezentului și găsind modalități de a le depăși.

- Terapie de grup.

Participarea la sesiuni de terapie de grup poate fi benefică pentru persoanele care au suferit traume în copilărie. Prin interacțiunea cu alți oameni care au trecut prin experiențe similare, acestea pot găsi suport și înțelegere, putând să-și exprime emoțiile și să își împărtășească povestea într-un mediu sigur și empatic.

- Terapie prin artă.

Terapia prin artă este o modalitate creativă și non-verbală de vindecare a traumelor din copilărie. Prin desen, pictură, sculptură sau alte forme de expresie artistică, persoana afectată poate să-și exploreze emoțiile și să-și elibereze tensiunile interioare, ajutându-se să-și vindece rănile emoționale.

- Mindfulness și meditație.

Practicarea mindfulness și a meditației poate fi de mare ajutor în vindecarea traumelor din copilărie. Prin concentrarea asupra prezentului și a respirației, persoana afectată poate să-și reducă anxietatea și stresul, să-și regăsească liniștea interioară și să-și recâștige controlul asupra propriilor emoții.

- Exerciții fizice.

Exercițiile fizice regulate pot fi o modalitate eficientă de a vindeca traumele din copilărie. Prin activitatea fizică, persoana afectată poate să-și elibereze tensiunile acumulate, să-și recâștige stima de sine și să-și îmbunătățească starea de spirit și sănătatea generală.

- Terapie cu animale.

Interacțiunea cu animalele poate fi terapeutică pentru persoanele care au suferit traume în copilărie. Terapia cu animale poate ajuta la reducerea anxietății și a stresului, la creșterea stimei de sine și la îmbunătățirea capacității de a construi relații sănătoase și de a simți conexiune emoțională.

- Terapie prin dans și mișcare.

Dansul și mișcarea corporală pot fi modalități eficiente de a vindeca traumele din copilărie. Prin exprimarea prin mișcare a emoțiilor și experiențelor traumei, persoana afectată poate să-și elibereze tensiunile interioare, să-și recâștige puterea interioară și să-și îmbunătățească starea de bine.

- Terapie prin scriere.

Scrierea poate fi o modalitate terapeutică de a vindeca traumele din copilărie.

Prin exprimarea în scris a gândurilor, emoțiilor și experiențelor traumei, persoana afectată poate să-și clarifice și să-și elibereze sentimentele, să-și construiască o nouă perspectivă asupra trecutului și să-și găsească alinarea interioară.

Există mai multe modalități eficiente de vindecare a traumelor din copilărie, care pot ajuta persoanele afectate să-și refacă sănătatea mentală și să-și recapete echilibrul emoțional. Prin explorarea și practicarea unor tehnici și terapii terapeutice potrivite, acestea pot să-și depășească suferințele trecutului și să-și construiască un viitor mai fericit și mai împlinit.

Vindecarea este un proces complex care implică vindecarea fizică, emoțională, mentală și spirituală a unei persoane. În ultimele decenii, s-a observat o creștere a interesului și a cercetării în domeniul terapiilor alternative și complementare, care includ terapia prin artă, meditația, yoga și terapia cognitiv-comportamentală. Aceste modalități de vindecare au fost folosite de multe culturi și societăți de-a lungul istoriei și sunt considerate a fi eficiente în tratarea diferitelor afecțiuni și tulburări.

În acest articol, vom explora fiecare dintre aceste modalități de vindecare în detaliu, evidențiind beneficiile și eficacitatea lor în procesul de vindecare.

Terapia prin artă este o formă de terapie creativă care implică utilizarea artelor plastice, muzicii, dansului sau a altor forme de expresie artistică pentru a ajuta la gestionarea emoțiilor, la explorarea traumelor și la stimularea creșterii personale.

Această formă de terapie se bazează pe credința că exprimarea creativă a gândurilor și sentimentelor poate facilita vindecarea și refacerea conexiunii cu sinele interior.

Terapeuții de artă sunt specializați în a ghida pacienții în utilizarea artei ca mijloc de autocunoaștere și vindecare.

Medicina este o modalitate veche de vindecare care înseamnă să pui mintea în stadiul de tăcere, iar trupul în același stadiu atingând un stare de activitate redusă.

Meditația poate fi practicată într-o varietate de forme, cum ar fi meditația concentrativă, meditația de conștientizare și meditația transcendentală. Scopul meditației este de a încetini mintea și de a aduce o stare de liniște și pace interioară.

Numeroase studii au demonstrat beneficiile meditației în reducerea stresului, anxietății și depresiei, îmbunătățind starea generală de bine a unei persoane.

Yoga este o practică fizică, mentală și spirituală originară din India, care implică asane (poziții fizice), pranayama (exerciții respiratorii) și meditație. Scopul yoga nu este doar de a îmbunătăți flexibilitatea și forța fizică, ci și de a îmbunătăți starea mentală și de a promova echilibrul și armonia interioară. Yoga a fost studiată pentru beneficiile sale în reducerea stresului, îmbunătățirea calității somnului, reducerea durerilor cronice și creșterea nivelului de energie și vitalitate.

Terapia cognitiv-comportamentală (TCC) este o formă de terapie folosită pentru tratamentul unui număr mare de tulburări mentale și emoționale, cum ar fi depresia, anxietatea, fobii, tulburarea obsesiv-compulsivă și alte probleme de sănătate mentală. Scopul TCC este de a identifica gândurile și comportamentele disfuncționale care cauzează suferință și de a le înlocui cu gânduri și comportamente sănătoase și adaptative. Terapeuții de TCC lucrează cu pacienții pentru a învăța tehnici de gestionare a stresului, de rezolvare a problemelor și de schimbare a comportamentelor negativie pentru a îmbunătăți starea lor generală de bine.

În ansamblu, aceste modalități de vindecare oferă o abordare holistică a sănătății și a bunăstării, abordând atât aspectele fizice, cât și cele mentale și emoționale ale unei persoane. Terapeuții care practică aceste forme de terapie sunt instruiți pentru a lucra cu indivizii pentru a le oferi sprijin și îndrumare în procesul de vindecare.

Beneficiile acestor modalități de vindecare au fost demonstrate în numeroase cercetări și studii, care au evidențiat impactul pozitiv asupra sănătății emoționale și fizice a pacienților.

Prin integrarea acestor modalități de vindecare în îngrijirea medicală tradițională, se poate promova o abordare mai completă și mai eficientă a tratamentului și prevenției bolilor. Este important să se recunoască importanța sănătății mintale și emoționale în procesul de vindecare și să se ofere pacienților acces la o varietate de opțiuni terapeutice pentru a le sprijini în îmbunătățirea stării lor de bine.

Terapia prin artă, meditația, yoga și terapia cognitiv-comportamentală sunt modalități valoroase de vindecare care pot contribui la promovarea sănătății generale și a bunăstării individuale.

Vindecarea este un proces personal și profund care implică întregul ființă, în care se lucrează la nivel fizic, emoțional, mental și spiritual pentru a aduce echilibrul și armonia în viața unei persoane. Fiecare individ are propriile sale experiențe, trauma și dificultăți pe care le depășește în viața sa, iar modul în care își găsește drumul către vindecare este unul extrem de personal și unic.

Este important să recunoaștem că nu există o rețetă universală pentru vindecare și că ceea ce funcționează pentru o persoană nu este neapărat eficient pentru alta. Fiecare individ are propriile nevoi, preferințe și resurse interioare pe care le poate accesa pentru a-și vindeca rănile și a-și restabili echilibrul interior. De aceea, este esențial să fie exploreze și să experimenteze diferite modalități de vindecare pentru a găsi ceea ce funcționează cel mai bine pentru el.Există o varietate de metode și tehnici de vindecare disponibile, de la terapia cognitiv-comportamentală și psihoterapie, la practici spirituale precum yoga, meditația și reiki, până la terapii complementare cum ar fi acupunctura, reflexoterapia și aromaterapia.Fiecare dintre acestea abordează vindecarea dintr-o perspectivă diferită, oferind posibilitatea de a lucra la niveluri diferite ale ființei umane și de a accesa resurse interioare pentru a depăși traumele și rănile.

Un aspect important al vindecării este conștientizarea și acceptarea propriilor emoții și traume, în loc de a le reprima sau nega. Prin confruntarea cu propriile temeri și durere, o persoană își poate deștepta capacitatea de a se vindeca și de a-și restabili echilibrul interior. Aceasta implică adesea un proces de purificare emoțională și mentală, prin care se elimină blocajele și rezistențele care împiedică fluxul natural al energiei și vindecarea să aibă loc.

Vindecarea nu este un proces simplu sau ușor, ci necesită timp, răbdare și angajament din partea persoanei care se vindecă. Este un proces gradual și uneori dureros, care implică întoarcerea la rădăcinile traumelor și vindecarea lor în profunzime.

Un aspect important al vindecării este găsirea unui echilibru între diferitele aspecte ale ființei umane: fizic, emoțional, mental și spiritual. Vindecarea nu este doar despre tratarea simptomelor sau suprimarea emoțiilor, ci despre restabilirea armoniei și echilibrului în toate aceste aspecte ale ființei noastre. Prin explorarea și integrarea acestor aspecte, o persoană poate găsi adevărata vindecare și echilibrul interior.

În concluzie, recunoașterea că fiecare persoană are propriul său drum de vindecare este esențială pentru a găsi calea către echilibrul și armonia interioară. Este important să fim deschiși și flexibili în explorarea diferitelor modalități de vindecare și să găsim ceea ce funcționează cel mai bine pentru noi în mod individual. Prin conștientizarea și acceptarea propriilor emoții și traume, și prin găsirea unui echilibru între aspectele fizice, emoționale, mentale și spirituale ale ființei noastre, putem descoperi adevărata vindecare și eliberare în viața noastră.

"Traumele din copilărie nu pot fi vindecate doar cu timpul; ele necesită o explorare activă și conștientă a trecutului nostru, pentru a ne putea elibera de povara lor și a ne vindeca în profunzime." - Carl Jung

CAPITOLUL 10

Privirea spre viitor.

- *Stabilirea obiectivelor și viselor pentru viitorul tău, fără a fi limitat de traumele din copilărie.*
- *Învățarea să îți trăiești viața în prezent și să te bucuri de fiecare moment.*
- *Acceptarea că poți construi un viitor mai luminos și mai fericit, indiferent de traumele trecutului tău.*

Privirea spre viitor este un aspect esențial al dezvoltării personale, deoarece ne ajută să ne concentrăm pe obiectivele noastre, să ne stabilim direcția și să ne motivăm să ne atingem potențialul maxim. Este important să nu ne lăsăm influențați de trecut sau de prezent, ci să ne concentrăm energiile și resursele asupra a ceea ce dorim să realizăm în viitor.

Dezvoltarea personală este un proces continuu care implică creșterea și îmbunătățirea constantă a abilităților, cunoștințelor și competențelor noastre. Prin privirea spre viitor, putem identifica domeniile în care vrem să ne dezvoltăm și să ne concentrăm eforturile asupra acestora. Pentru a profita la maximum de privirea spre viitor în dezvoltarea personală, este important să avem un plan clar și bine definit. Acest plan ar trebui să cuprindă obiective specifice, măsurabile, realiste și convenite în timp, dar și strategii pentru atingerea acestora.Un aspect important al privirii spre viitor în dezvoltarea personală este vizualizarea succesului. Este important să ne imaginăm cum va arăta viața noastră atunci când ne-am atins obiectivele și să ne motivăm prin această imagine. Vizualizarea succesului poate crește încrederea în sine și determinarea de a depune eforturile necesare pentru a-ți atinge obiectivele.

O altă aspect crucial al privirii spre viitor este adaptabilitatea. Este important să fim deschiși la schimbare și să ne adaptăm în permanență la noile circumstanțe și oportunități care apar. Flexibilitatea și capacitatea de a învăța din greșeli sunt factori cheie în dezvoltarea personală.

Un alt aspect important al privirii spre viitor în dezvoltarea personală este asumarea responsabilității. Este important să ne asumăm întreaga responsabilitate pentru viața noastră și pentru obiectivele noastre. Nu putem aștepta să ni se ofere totul pe tavă, ci trebuie să ne implicăm activ în atingerea obiectivelor noastre.

Privirea spre viitor este un aspect esențial al dezvoltării personale, deoarece ne ajută să ne concentrăm asupra obiectivelor noastre, să ne focalizăm energiile și resursele în direcția potrivită și să ne motivăm să ne atingem potențialul maxim. Prin vizualizarea succesului, adaptabilitatea și asumarea responsabilității, putem crea un plan de dezvoltare personală eficient și să ne transformăm visurile în realitate.

Traumele din copilărie pot avea un impact semnificativ asupra vieții noastre ulterioare. Ele pot genera frici, nesiguranță, anxietate și alte probleme emoționale care ne pot afecta modul în care ne percepem pe noi înșine și modul în care interacționăm cu ceilalți. Este important să recunoaștem aceste traume și să lucrăm pentru a le depăși, astfel încât să putem stabili obiective și visuri pentru viitorul nostru fără a fi limitați de ele.

Un prim pas important în depășirea traumelor din copilărie este să ne confruntăm cu ele și să le recunoaștem impactul asupra noastră. Acest lucru poate fi dificil și dureros, dar este esențial pentru a putea să le depășim. Poate fi util să lucrăm cu un terapeut sau consilier pentru a ne ajuta să explorăm și să înțelegem traumele noastre și modul în care acestea ne afectează viața.

Odată ce am identificat și recunoscut traumele din copilărie, putem începe să lucrăm pentru a le depăși și a ne elibera de influența lor. Aceasta poate include terapie, meditație, practici de conștientizare și alte tehnici de gestionare a stresului și a anxietății. Este important să ne oferim timp și spațiu pentru a ne vindeca și a ne reconstrui încrederea în noi înșine și în lumea din jurul nostru.

Pe măsură ce ne eliberăm de traumele din copilărie, putem începe să ne concentrăm asupra stabilirii obiectivelor și visurilor pentru viitorul nostru. Este important să ne gândim la ceea ce ne dorim cu adevărat în viață și să ne setăm obiective realiste și realizabile pentru a ne îndrepta în direcția dorită. Aceste obiective pot include atât aspecte profesionale, cât și personale, cum ar fi cariera, educația, relațiile, sănătatea și bunăstarea noastră generală.

Atunci când stabilim obiective și visuri pentru viitorul nostru, este important să avem în vedere faptul că suntem vrednici de succes și fericire. Traumele din copilărie nu ne definesc și nu ne limitează potențialul. Este important să ne amintim că suntem capabili de schimbare și creștere și că putem crea o viață plină de satisfacții și împliniri.

De exemplu, dacă visăm să avem o carieră de succes, putem începe să ne setăm obiective clare și să ne concentrăm pe dezvoltarea abilităților și cunoștințelor necesare pentru a atinge acest scop. Putem participa la cursuri de specializare, să căutăm mentorat sau să lucrăm cu un coach de carieră pentru a ne ghida în direcția potrivită.

Dacă visăm să călătorim în jurul lumii sau să ne implicăm în activități de voluntariat, putem să ne setăm obiective clare și să planificăm pașii necesari pentru a ne face aceste visuri realitate. Putem începe să economisim bani, să ne organizăm timpul și resursele pentru a ne permite să ne urmăm pasiunea și să ne implicăm în activitățile care ne aduc bucurie și satisfacție.

Pe măsură ce lucrăm pentru a atinge obiectivele și visurile noastre, este important să ne acordăm timp și spațiu pentru a ne bucura de drumul către succes. E important să ne acordăm permisiunea de a greși și de a învăța din eșecuri, deoarece acestea fac parte integrantă din procesul de creștere și dezvoltare. Este important să fim blânzi cu noi înșine și să ne concentrăm pe progresul făcut, în loc să ne fixăm pe greșeli sau eșecuri.

În cele din urmă, este important să ne amintim că suntem responsabili de propria noastră fericire și bunăstare. Traumele din copilărie pot fi o parte din parcursul nostru, dar nu ne definește și nu ne limitează potențialul. Prin recunoașterea, îmbrățișarea și depășirea acestor traume, putem să ne eliberăm de sentimentele de frică, nesiguranță și anxietate care ne-au ținut captivi și să ne concentrăm pe construirea unei vieți pline de satisfacții și împliniri. Depășirea traumelor din copilărie și stabilirea obiectivelor și visurilor pentru viitorul nostru este un proces continuu și provocator. Este important să recunoaștem și să înțelegem impactul traumelor asupra noastră și să lucrăm pentru a le depăși, astfel încât să putem să ne concentrăm pe construirea unei vieți pline de succes și satisfacție. Este esențial să ne oferim timp și spațiu pentru a ne vindeca și a ne reconstrui încrederea în noi înșine și în potențialul nostru de a atinge visurile și obiectivele noastre. Este important să fim gentili cu noi înșine și să ne amintim că suntem vrednici de iubire, fericire și împlinire.

Învățarea să trăiești viața în prezent și să te bucuri de fiecare moment este un proces care necesită timp și practică. Este important să fii conștient de ceea ce se întâmplă în jurul tău și să te bucuri de micile bucurii ale vieții de zi cu zi. Mulți oameni tind să își petreacă prea mult timp gândindu-se la trecut sau planificând viitorul, dar este esențial să înveți să trăiești în prezent pentru a te simți împlinit și fericit. Trăirea în prezent înseamnă să fii conștient de momentul actual, să accepți lucrurile așa cum sunt și să te bucuri de ceea ce ai în acest moment. Multe persoane își petrec prea mult timp preocupându-se de trecut sau de viitor și uită să se concentreze pe prezent. Neputând schimba trecutul și neputând controla viitorul, singurul moment pe care îl putem controla este prezentul. Prin urmare, este important să învățăm să trăim în acest moment și să ne bucurăm de el.

Pentru a învăța să trăiești în prezent, este important să fii atent la gândurile tale și să te concentrezi pe ceea ce se întâmplă în jurul tău. Poți încerca să practici mindfulness, adică să fii conștient de fiecare senzație, de fiecare mișcare pe care o faci și de fiecare gând care îți trece prin minte. În acest fel, vei reuși să te conectezi mai bine cu momentul prezent și să te bucuri de el.

O altă modalitate de a trăi în prezent este să îți faci timp pentru tine și să te bucuri de activitățile care îți aduc plăcere. Poate fi vorba de a te plimba în natură, de a citi o carte, de a petrece timp cu cei dragi sau de a practica o activitate care îți place. Este important să îți acorzi timp pentru tine însuți și să te bucuri de aceste momente de relaxare și de bucurie.

De asemenea, este esențial să practici recunoștința și să te concentrezi pe lucrurile bune din viața ta. Fie că este vorba de o mică reușită sau de un gest de generozitate din partea cuiva, este important să îți exprimi recunoștința pentru aceste lucruri și să te bucuri de ele. În acest fel, vei învăța să apreciezi mai mult viața ta și să te bucuri de fiecare moment.

Trăirea în prezent înseamnă și să renunți la așteptările și la judecățile pe care le ai față de tine și față de alții. Este important să fii deschis la ceea ce vine în calea ta și să îți accepți atât calitățile, cât și defectele. Este important să înveți să trăiești fără teama de a fi judecat și să îți trăiești viața așa cum simți că este bine pentru tine.

Un alt aspect important al trăirii în prezent este să fii deschis la schimbare și să îți asumi riscuri. Este important să fii deschis la noi experiențe și să îți asumi riscuri în viață pentru a te dezvolta și pentru a te descoperi pe tine însuți. Este important să nu te temi de eșecuri sau de greșeli, ci să le vezi ca pe o oportunitate de a învăța și de a crește.

Trăirea în prezent poate fi benefică pentru sănătatea ta mentală și emoțională, deoarece te ajută să te eliberezi de stresul și anxietatea care pot apărea atunci când îți petreci prea mult timp gândindu-te la trecut sau la viitor. Prin trăirea în prezent, vei reuși să te bucuri de fiecare moment și să îți îmbunătățești starea de spirit.

Învățarea să trăiești în prezent și să te bucuri de fiecare moment este un proces care necesită timp și practică, dar care poate aduce multe beneficii în viața ta. Fii conștient de ceea ce se întâmplă în jurul tău, practică recunoștința și bucură-te de micile bucurii ale vieții de zi cu zi. Renunță la așteptări și judecăți și fii deschis la schimbare și la noi experiențe. În acest fel, vei reuși să trăiești în prezent și să te bucuri de fiecare moment al vieții tale.

Traumele trecutului pot fi extrem de puternice și pot influența în mod semnificativ modul în care ne simțim și acționăm în prezent. Ele pot avea un impact profund asupra sănătății noastre mentale și emoționale, provocând simptome de anxietate, depresie sau tulburări de stres post-traumatic. Cu toate acestea, este important să realizăm că avem puterea de a schimba direcția vieții noastre și de a construi un viitor mai luminos și mai fericit.

Pentru a putea face acest lucru, este crucial să parcurgem un proces de acceptare a traumelor noastre și de vindecare a rănilor adânci pe care le-au lăsat în urmă. Acest proces poate fi greu și dureros, dar este esențial pentru a ne elibera de povara trecutului și a ne deschide către posibilitatea unui viitor mai bun. În acest sens, terapia poate fi un instrument valoros pentru a ne ajuta să ne confruntăm cu traumele noastre, să le înțelegem și să le depășim.

Un aspect important în procesul de vindecare este învățarea să ne iertăm pe noi înșine și pe ceilalți pentru ceea ce s-a întâmplat în trecut. Fie că este vorba de propria noastră reacție la traumele pe care le-am trăit sau de acțiunile altora care ne-au afectat, este crucial să reușim să acceptăm că nimeni nu este perfect și că fiecare dintre noi este supus greșelii și suferinței. Acceptarea și iertarea sunt cheia pentru a ne elibera de amărăciune și resentimente și pentru a ne deschide inima către oportunitatea de a construi un viitor mai fericit.

Un alt aspect important în procesul de construire a unui viitor mai luminos este dezvoltarea unei perspective pozitive și a unei mentalități de creștere. Este esențial să ne concentrăm pe ceea ce putem schimba și să cultivăm recunoștința pentru tot ceea ce avem deja în viața noastră. Lucrurile negative din trecut nu trebuie să ne definească și să ne limiteze în prezent. Este important să ne concentrăm pe procesul de vindecare și de creștere personală și să fim deschiși la schimbările pozitive pe care le putem aduce în viața noastră și în relațiile noastre.

Un alt aspect important în construirea unui viitor mai luminos este dezvoltarea unui sistem de suport solid și sănătos. Este esențial să avem o rețea de oameni iubitori și de încredere în jurul nostru pentru a ne sprijini în procesul de vindecare și de creștere. Cuiva cu care să putem să ne deschidem, să ne confesăm și să ne exprimăm liber emoțiile și gândurile noastre.

O comunitate de susținere poate fi extrem de benefică pentru a ne simți acceptați, înțeleși și iubiți așa cum suntem.

În plus, practicarea auto-îngrijirii și a gestionării stresului este esențială pentru a construi un viitor mai luminos și mai fericit. Este important să ne acordăm timpul necesar pentru a ne relaxa, a ne îngriji de noi înșine și a ne desfășura activități care ne aduc bucurie și împlinire. Exercițiile fizice, meditația, respirația conștientă și alte tehnici de relaxare pot fi extrem de benefice pentru a reduce nivelul de stres și anxietate și pentru a ne reîncărca bateriile emoționale.

Acceptarea că putem construi un viitor mai luminos și mai fericit, indiferent de traumele trecutului nostru, este un pas crucial în procesul de vindecare și de creștere personală. Este important să ne confruntăm cu trecutul nostru într-un mod empatic și iertător, să cultivăm o mentalitate pozitivă și de creștere și să avem încredere că putem schimba direcția vieții noastre pentru a ne construi un viitor plin de bucurie și împlinire. Cu angajament, răbdare și susținere, putem să depășim traumele trecutului și să ne eliberăm de povara lor pentru a ne deschide către oportunitatea de a trăi o viață plină de fericire și sens.

"Viitorul nu este ceva pe care să-l aștepți, ci ceva pe care să-l construiești."
Henry Ford

Dragi cititori,

Vă mulțumesc pentru că ați ales să citiți
cartea mea "Rescrie-ți povestea".
Sper că această poveste v-a inspirat
și v-a adus bucurie și încredere în propria
putere de a vă reînnoi viața și de a vă urma
visurile.

Vă sunt recunoscătoare pentru timpul pe care
l-ați dedicat acestei cărți și pentru fiecare
rând pe care l-ați citit cu atenție și deschidere.
Sper că mesajul ei v-a atins sufletul și că v-a
oferit o perspectivă nouă asupra vieții și a
propriei călătorii.

Vă încurajez să vă continuați drumul cu
încredere și să scrieți fiecare zi a vieții voastre
cu bucurie, curaj și determinare.
Vă mulțumesc încă o dată pentru susținere
și pentru călătoria frumoasă pe care am
parcurs-o împreună prin această carte.

Cu recunoștință,

Mariana C.

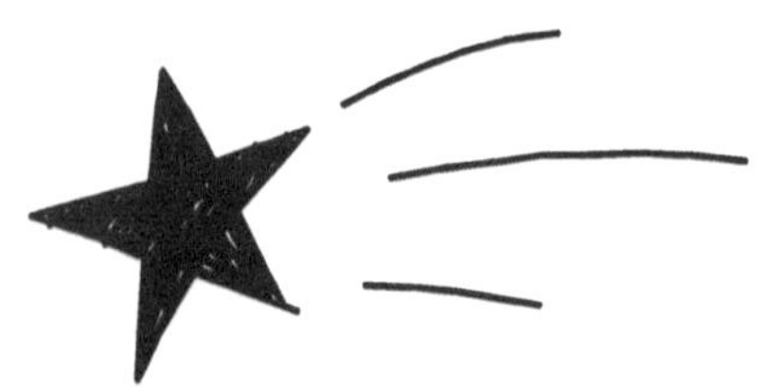

"Nu poți schimba trecutul,
dar poți rescrie
povestea viitorului tău."
Tim Fargo

9 798224 962006